LOUIS PIERQUIN

Mémoires sur Pache

Ministre de la Guerre en 1792
et Maire de Paris sous la Terreur

Trois Écrits

Concernant sa Défense politique

datés de Thin-le-Moûtier

> La victoire a plané sur les armées françaises durant tout mon ministère ..
>
> Je marche avec une écharpe sans tache.
>
> PACHE.

CHARLEVILLE
LIBRAIRIE ÉDOUARD JOLLY
GRANDE PLACE ET RUE DU MOULIN

1898

Mémoires sur Pache

DU MÊME AUTEUR

EN PRÉPARATION :

MÉMOIRES SUR PACHE

Ministre de la Guerre en 1792 et Maire de Paris sous la Terreur.

SA RETRAITE A THIN-LE-MOUTIER

Etude sur son Traité « INTRODUCTION A LA PHILOSOPHIE »

Par J. LEBLOND

Agrégé de Philosophie, Professeur au Lycée de Charleville.

Un volume in-8° d'environ 500 pages.

AVEC GRAVURES

A SUIVRE :

PACHE, MINISTRE DE LA GUERRE

PACHE, MAIRE DE PARIS

LOUIS PIERQUIN

Mémoires sur Pache

Ministre de la Guerre en 1792

et Maire de Paris sous la Terreur

Trois Écrits

Concernant sa Défense politique

datés de Thin-le-Moûtier

La victoire a plané sur les armées françaises
durant tout mon ministère. ..

Je marche avec une écharpe sans tache.

PACHE.

CHARLEVILLE
LIBRAIRIE ÉDOUARD JOLLY
GRANDE PLACE ET RUE DU MOULIN

1898

Tirage à 400 Exemplaires.

Notre première intention était de donner place aux trois Mémoires qui suivent dans le volume que nous préparons sur la retraite de Pache à Thin-le-Moûtier.

Ce volume ne devait du reste avoir que des proportions très modestes, mais trois années de recherches suivies nous ayant permis de rassembler nombre de documents dispersés, nous sommes obligés de modifier, en l'agrandissant, la teneur primitive de notre travail et de publier à part les trois écrits dont il s'agit. Ces écrits, imprimés en l'an V, chez R. Vatar, rue de l'Université, à Paris, forment trois brochures aujourd'hui rarissimes ; ils constituent l'ensemble de l'œuvre politique composée par Pache à Thin-le-Moûtier, c'est-à-dire après sa sortie de la vie publique.

Si l'ancien Maire de Paris, bien qu'indigné des procédés odieux des gouvernants à son égard, n'avait cru devoir défendre des citoyens accusés juridiquement et ne s'était vu lui-même iniquement cité devant des tribunaux, il n'aurait sans doute répondu que par le silence et le mépris aux accusations de ses ennemis. Mais les circonstances l'obligèrent à sortir de son mutisme. Une fois l'orage passé, le philosophe s'en tint là et ne donna plus signe de vie.

Nous reproduisons ces brochures textuellement et sans commentaires d'aucune sorte. Les explications qu'elles comportent seront l'objet de développements dans l'ouvrage désigné ci-dessus qui paraîtra prochainement.

L. P.

J.-N. PACHE

SUR UNE AFFAIRE PENDANTE A LA TROISIÈME SECTION DU TRIBUNAL CIVIL DE LA SEINE

PREMIER MÉMOIRE

DE L'IMPRIMERIE DE R. VATAR

PARIS, RUE DE L'UNIVERSITÉ, N° 139 OU 926.

J.-N. PACHE

SUR UNE AFFAIRE PENDANTE A LA TROISIÈME SECTION DU TRIBUNAL CIVIL DE LA SEINE

PREMIER MÉMOIRE

A Thim-le-Moustier, le 18 germinal,
an V de la République.

Durant l'été de l'an second, le citoyen P. Touchet, batelier sur la Loire, m'a présenté un mémoire et m'a demandé de lui procurer une commission qui l'eût rendu approvisionneur privilégié de Paris; il m'a dit, pour appuyer sa demande, que connaissant par son état les communes riveraines de la Loire les mieux pourvues, il s'y rendrait avec la commission de la municipalité de Paris, en intimiderait les maires et habitants, et rassemblerait ainsi pour nous et à bas prix, les œufs, beurre, légumes, etc. J'ai répondu au citoyen Touchet qu'une telle commission était contraire aux principes reçus, serait très nuisible dans les circonstances, et je l'ai refusée.

Ces prétendues commissions de la municipalité de Paris, qui n'existaient pas et dont on parlait beaucoup, à l'occasion desquelles les ennemis de la République représentaient Paris comme affectant un régime particulier, privilégié, et voulant usurper la souveraineté nationale, était un sujet d'animadversion des départements contre cette commune. Je venais d'engager un administrateur de Seine-et-Marne et le procureur-syndic de Seine-et-Oise à ne point réclamer contre elles à la barre de la Convention, en leur montrant qu'il n'en existait pas, et en leur promettant d'annihiler tout ce qui pouvait y ressembler.

L'opinion répandue que de telles commissions existaient, servait en même temps, dans les départements plus éloignés que les deux que j'ai cités, à alimenter l'armée catholico royale de la Vendée. Le ministre de l'intérieur m'avait prévenu qu'il y avait plus de douze hommes se disant porteurs de commissions de la commune de Paris, parcourant un de ces départements voisins de la Loire et enlevant les approvisionnements, qui ne venaient certainement pas à Paris.

P. Touchet m'a rejoint quinze jours ou trois semaines après cette première conversation, et deux ou trois autres fois encore, en me faisant, sinon la même demande, du moins quelques propositions analogues. Je lui supposai seulement du zèle, un peu d'avidité, des vues au dessus de sa partie, de l'entêtement et de la ténacité, comme il arrive toujours dans de telles combinaisons. Lors même que j'eusse cru de telles commissions utiles, je ne crois pas que je lui en eusse données.

Il ne me paraissait point doué des qualités personnelles convenables. Je le refusai encore par les mêmes raisons que la première fois, ou par des raisons analogues. Et je lui conseillai de suivre tout uniment sa profession de batelier, ou d'aller dans les communes productives, puisqu'il s'y disait bien connu, et d'y faire, en son propre et privé nom, le rassemblement d'approvisionnements dont il parlait, de nous les amener sur son bateau, et que nous lui en aurions de grandes obligations. Je ne fus pas même alors frappé de cette idée, qu'il était étrange de voir un homme domicilié à Nantes, où l'on mourait de faim, consommer autant de temps que je lui en voyais perdre dans nos antichambres, pour nous faire adopter des moyens immanquables d'approvisionner Paris.

P. Touchet ne pouvant me déterminer à lui donner de commission, s'est retourné alors vers l'administration municipale des subsistances, qui ne lui a pas non plus accordé ses demandes.

Enfin il paraît qu'il s'est adressé à la Commission générale des approvisionnements de la République, dont il a essuyé de semblables refus.

A mesure que l'espoir de faire une fortune rapide, dont il s'était bercé, dont il avait peut être bercé quelques autres, en obtenant une commission, s'est évanoui, il en a conçu de l'aigreur; de mécontent, il est devenu agitateur de plus en plus véhément. Il n'a bientôt plus cessé de déclamer sur les ports et sur les quais de Paris, dans les carrefours et dans les rues, que la commission des approvisionnements, l'administration des subsistances et le maire, en refusant les moyens qu'il proposait, établissaient la famine dans Paris.

Ces déclamations ne produisaient point d'effet relativement aux administrations ou aux personnes; mais répétées dans les groupes, elles maintenaient l'inquiétude sur la chose, excitaient les citoyens aux provisions exagérées, occasionnaient du trouble dans les distributions, trouble qui intimidait ceux qui apportaient, diminuait d'autant les arrivages et nuisait ainsi beaucoup à la chose publique.

C'était un des moyens avec lesquels on préparait déjà, pour le 6 octobre 1793, l'anniversaire du 6 octobre 1789, et ce mouvement qui, basé aussi sur la disette, mais dirigé dans le sens contraire, devait venger à jamais Louis XVI et ses suppôts du premier 6 octobre. Heureusement au second, la chance tourna, sur le soir, contre les royalistes qui l'avaient provoqué. Je dois à Touchet la justice que je ne l'ai point vu dans la colonne du rassemblement que je contins à la commune depuis midi jusqu'à onze heures du soir.

Il a continué ses déclamations à différentes époques de l'hiver de l'an III, sans doute dans l'intervalle de ses voyages sur la Loire, et il les a répétées en pluviôse et en ventôse, à l'assemblée générale de la section des Arcis. Elle a nommé quatre commissaires qui se rendirent le lendemain matin à la mairie; ils me dirent qu'ils venaient vérifier des faits sur les subsistances, qui avaient été dénoncés par un citoyen.

J'ai cru, au récit, reconnaître le batelier de la Loire, et je l'ai signalé aux commissaires comme un agitateur;

j'ai ensuite cherché à fixer leur attention sur les inconvénients et même sur les dangers de ces déclamations journalières, ainsi que je le représentais aux citoyens dans toutes les occasions, et je les ai engagés à calmer, soit leur section, soit les individus, toutes les fois que de semblables gens augmenteraient encore le mal réel par le mal d'opinion. J'ai fait entrer alors ce batelier, je l'ai réprimandé sévèrement sur sa conduite agitatrice; je lui ai dit que s'il avait des plaintes à porter ou des projets à présenter, il devait s'adresser aux autorités supérieures, au département, au ministre, à la Convention. Ces deux objets de mon devoir étant remplis, je n'ai point traité le fonds. En me conformant à cet égard aux usages établis dans la mairie et au code municipal particulier de Paris, j'ai renvoyé les quatre commissaires et Touchet par devant les administrations municipales compétentes, savoir : l'administration des subsistances, section des approvisionnements, et l'administration de police, même section.

La première a donné, en présence de Touchet et contradictoirement avec lui, les explications qui ont satisfait les commissaires. La seconde a trouvé étonnant qu'un batelier de la Loire passât son temps, dans les rues de Paris, à déclamer sur la disette. Elle l'a retenu pour lui faire subir un interrogatoire et statuer d'après cet interrogatoire à qui appartiendrait. J'ai appris ces deux résultats des commissaires qui repassèrent par mon cabinet. Je leur ai dit que je voyais avec plaisir que l'administration des subsistances les avait satisfaits, et que je les invitais à en rendre compte à leur section;

que l'administration de police faisait son devoir en recherchant ce qu'était un agitateur, et que sûrement l'assemblée générale de la section ne la désapprouverait pas.

L'administration de police n'ayant point trouvé dans l'ensemble des premières réponses de Touchet et de toutes ses circonstances de quoi être parfaitement tranquille, l'a mis en arrestation pour avoir le temps de prendre des renseignements subséquents. Elle y a employé une dizaine de jours. Les rapports survenus ne lui étant point défavorables, elle l'a remis aussitôt en liberté, en prenant la précaution, pour le contenir, de le faire cautionner par deux citoyens; c'était un mode adopté alors par la police pour rendre plus facilement à la liberté les détenus de sa compétence.

Après avoir éprouvé les persécutions des différentes factions qui se sont succédé, j'ai été enfin transféré du château de Ham dans la ville de Chartres pour y être jugé. On m'a annoncé, dans ma prison, qu'un homme venait d'arriver, disant hautement aux curieux qu'il était envoyé par l'un des Comités du gouvernement, qu'il avait de grands moyens pour me faire guillotiner, qu'il s'agissait de *subsistances*.

C'était vers ce temps où quelques royalistes commençaient à exciter à Chartres, en l'an IV, ces agitations sur la disette, qui ont ensuite porté une partie égarée du peuple à ce rassemblement malheureux, et aux scènes scandaleuses après lesquelles le député Le Tellier, désespéré de cet horrible événement, s'est brûlé la cervelle d'un coup de pistolet. L'agitation n'était encore que sourde, mais on sent combien les déclamations de Touchet à mon sujet, en y mêlant toujours son mot de *subsistances*, devaient produire de fâcheux effets.

Un des jours suivants on me le dépeignit ; on me dit que c'était un batelier de la Loire : il m'est alors revenu que j'avais autrefois refusé une commission à ce batelier, je n'en ai cependant point eu de regret. Je n'ai point pensé à son arrestation dont je ne croyais pas qu'on pût faire un grief.

Il paraît que le tribunal criminel d'Eure-et-Loir a apprécié l'homme et ses dénonciations. On peut le conclure de la lettre de l'accusateur public à la Convention nationale, et de celle du président du tribunal à l'un des Comités de gouvernement.

Lorsque les juges d'Eure-et-Loir, qui ont honoré l'ordre judiciaire par leur constance à se refuser d'être les instruments des passions de ces royalistes furieux qui assaillaient à mon occasion la tribune de la Convention, ont eu signé ma libération, après dix-huit mois d'emprisonnement et d'inquisition, je suis revenu de Chartres à Paris où j'ai passé huit jours. On m'y a parlé avec indignation de la conduite de P. Touchet. On ne m'a point laissé ignorer ceux des gens avec qui il était en relation habituelle, dont il était mécontent parce qu'ils l'abandonnaient, ni ceux qui l'encourageaient encore, et on m'a conseillé de le poursuivre. J'avais tout pardonné.

Je suis parti pour la campagne que j'habite, et bientôt Touchet, assuré que j'étais sorti de Paris, m'a cité devant le juge de paix de la section du Luxembourg, *pour me* *demander des dommages et intérêts, pour raison, dit-il, de l'*ACTE ARBITRAIRE *que j'ai exercé contre lui*, en le FAISANT EMPRISONNER *pendant onze mois*. Je n'ai pu comparaître, j'ai été condamné à l'amende.

Touchet m'a cité alors au tribunal civil de la Seine, 13e section, pour répondre à ce que *lui, Touchet, venant à Paris pour l'approvisionnement de cette commune, il avait été, par un* ACTE LE PLUS ARBITRAIRE, INCARCÉRÉ, DE L'ORDRE DE PACHE, ALORS MAIRE; *qu'il a gémi dans les fers, et qu'attendu l'injuste et longue détention qu'il a éprouvée pendant plus de deux ans, tant dans les prisons que dans la commune de Paris qu'il a eue pour prison, sous cautionnement, n'ayant pu retourner à Nantes, sa demeure ordinaire, ni reprendre son commerce jusqu'au jour de la promulgation qui a fait cesser de droit l'effet des actes arbitraires. Pache fut condamné à dommages et intérêts, et à des affiches pour réparation de sa réputation et de son crédit.*

Je fus frappé de son impudence à avancer dans sa première assignation qu'il avait été emprisonné pendant onze mois, tandis que je me ressouvenais, et qu'il devait être facile d'établir par des preuves irrécusables, qu'il n'avait été détenu qu'une dizaine de jours.

Je fus frappé de son impudence à transmuer, dans la seconde assignation, ces dix jours ou onze mois, en deux années, en donnant pour prison la commune de Paris, sous prétexte de son cautionnement qui n'avait cessé, disait-il, qu'à la promulgation de la Constitution, après laquelle seulement il avait pu se rendre à Nantes, tandis que ces sortes de cautionnement avaient pu et dû être sans valeur dès le 10 thermidor, tandis que ses relations avec le Comité de sûreté générale sont manifestes.

Ce cautionnement, au reste, quelle qu'ait été sa durée, n'eût point gêné Touchet pour ses voyages, s'il eût eu le désir d'en faire au moment même de sa libération. En supposant que la formule générale de cautionnement adoptée pour les habitants de Paris lui laissât quelque doute à ce sujet, il pouvait les lever à la police et à la mairie, où il avait si souvent passé beaucoup de temps. Sa ténacité à suivre la demande d'une commission près de moi, près de l'administration municipale des subsistances, près de la commission des subsistances; celle à poursuivre sa vengeance auprès des Comités de gouvernement, auprès des tribunaux, lui eussent procuré de la police l'interprétation de la formule. A l'époque où il a été mis en liberté, l'administration de police l'eût assurément mieux aimé sur la Loire, nous amenant des approvisionnements, que courant les rues de Paris pour y déclamer sur une disette qui l'embarrassait et l'inquiétait infiniment; mais il paraît qu'il regardait alors le séjour de Paris comme plus lucratif pour lui.

Je reconnus à ces assignations qu'il était abandonné de ses meilleurs conseillers. En effet, un homme d'une stature colossale, d'une voix stentorique, dans un costume de marinier, accompagnant son débit de larges déploiements de bras, peut crier dans des groupes : *Pache a voulu établir la famine à Paris: Pache m'a fait arbitrairement emprisonner pendant onze mois ou deux ans: Pache a causé la perte de ma fortune*. Il peut même appuyer sa déclamation d'un : *N'est-ce pas, citoyen?* en fixant un homme qui ne lui répond pas d'étonnement. Il n'y a ni examinateurs, ni contradicteurs, et ces scènes produisent quelquefois de l'effet. Elles pouvaient avoir aussi du succès devant un comité de gouvernants, la plupart enflammés et désirant que je fusse enfin coupable de quelque chose; elles en eussent encore eu devant un tribunal qu'on avait organisé selon le mode révolutionnaire, si on eût pu le monter sur ce ton. Son choix fait même honneur au tact de ses amis. Mais sous le régime constitutionnel. dans le calme moins improbable des passions, devant les tribunaux opérant conformément au code des lois ordinaires, il en est, il doit en être tout autrement.

J'ai jeté la vue sur les questions qui devraient y être traitées méthodiquement et sur leur ordre respectif. Je les ai trouvées ainsi rangées :

1° Pache, maire de Paris, a-t-il fait emprisonner Touchet?

2° En la supposant décidée affirmativement, a-t-il usé arbitrairement de son autorité?

3° En la supposant *idem*, a-t-il ainsi abusé de son autorité par erreur ou par méchanceté?

4° En la supposant décidée favorablement pour moi, la détention de Touchet est-elle d'une dizaine de jours, de onze mois ou de deux ans?

5° Le cautionnement eût-il empêché de fait Touchet de vaquer à ses affaires, s'il en eût eu la volonté?

6° Quel était, à l'époque de son arrestation, l'état de ses affaires?

7° Quelles sont les pertes probables ?

8° Un batelier de la Loire perd-il sa réputation pour avoir été mis dix jours en arrestation, à une époque quelconque de la Révolution?

Etc., etc., etc.

Comme cette série de questions ne peut être traitée juridiquement qu'autant que la première serait décidée affirmativement, savoir : que *j'ai fait emprisonner P. Touchet*, je me suis restreint à ce qui pouvait la concerner.

J'ai remarqué d'abord que ces mots : *il a fait emprisonner*, employés par Touchet dans sa première assignation, ont différente valeur, selon l'état politique du sujet de la phrase, selon que c'est un particulier ou un fonctionnaire public.

Si on dit : *Paul a fait emprisonner Pierre*, et que Paul soit un particulier, cela veut dire que Paul a, non pas donné l'ordre d'emprisonner Pierre, mais que, par des conseils ou des dénonciations, il a mis un fonctionnaire public dans le cas de donner l'ordre d'emprisonner Pierre.

Si Paul est fonctionnaire public, les deux phrases : *il a fait emprisonner* et *il a donné l'ordre d'emprisonner*, sont synonymes, et Touchet lui-même l'a senti, puisque dans la seconde assignation, il emploie littéralement l'expression : *Pache a donné l'ordre d'emprisonner*, ce qu'il répète dans toutes les pièces subséquemment produites.

Ainsi, c'est d'avoir donné comme fonctionnaire public l'ordre de l'emprisonner, que Touchet m'accuse.

J'ai remarqué ensuite qu'en général, un *ordre* peut être *verbal* ou par *écrit*; mais que, relativement au fait d'emprisonnement. l'ordre devait toujours être par écrit. La loi l'exige. la délicatesse le commande, et l'intérêt le plus puissant dans les subordonnés maintient l'exécution de la loi. et y rappelle celui que ses passions en écarteraient. Le concierge exige toujours l'ordre par écrit; et de la certitude que la demande remonterait d'échelon en échelon à celui qui ordonne, quel qu'il soit, il résulte qu'on ne se le fait jamais demander. C'est peut-être, de tous les codes divers, la loi la moins enfreinte. Pour nous rapprocher par un exemple du cas que nous traitons, il n'est aucun administrateur de police qui ne dise au maire : *Signez cette pièce*, si celui-ci lui disait : *Faites emprisonner ce citoyen :* et si le maire hésitait de signer, il appellerait certainement un refus. Ce n'est pas un point sur lequel on agisse de confiance : on n'admet pas même les remises d'un jour à l'autre.

Si j'ai donné l'ordre d'incarcérer Touchet, je n'ai donc pu être admis à le donner verbalement. Et selon la loi, et selon l'usage, j'ai donné ou signé une pièce quelconque à ce sujet, un ordre par écrit que Touchet doit représenter.

J'observai alors à mon défenseur officieux qu'aucun tribunal n'allouerait des dommages et intérêts et affiches en réparation, qu'antérieurement à tout prononcé, le fait et l'auteur du fait ne fussent légalement constatés, puis légalement jugés; qu'en qualité de maire de Paris, président de l'administration de police, et par conséquent investi des attributions d'officier de police, j'aurais pu, sans compromettre ma responsabilité, mettre en arrestation Touchet, ou concourir à le mettre en arrestation si, d'après les circonstances de l'homme et d'après l'état du moment, dont j'étais juge, j'eusse estimé nécessaire de prendre cette mesure; que si j'avais estimé devoir m'occuper de cette arrestation, il aurait fallu que je signe soit une réquisition, soit une délibération, soit une ordonnance, soit un mandat. Et je l'invitai à sommer Touchet de fournir cette pièce écrite quelle qu'elle soit, preuve nécessaire seule admissible, de l'acte qu'il m'imputait.

Il paraît que la demande a embarrassé Touchet, et qu'il n'a pu fournir la preuve, mais que pour y suppléer il a beaucoup divagué. Ces divagations ont révélé un fait étonnant. Son défenseur officieux a dit, à la séance du 22 prairial, que le Comité de sûreté générale avait donné, des fonds de la République, à ce batelier déposant contre moi, au tribunal criminel d'Eure-et-Loir, et arrivant à cet effet à Chartres avec grand fracas, une somme de dix mille livres par forme d'avance, sur les dommages et intérêts qu'il obtiendrait pour son incarcération qui doit avoir été de dix jours. Il a même ajouté que ces messieurs étaient prodigieusement en colère contre le maire Pache, lorsqu'ils ont fait cette générosité. On voit comment ils me poursuivaient. C'est avec mon bien qu'on donnait des encouragements aux déposants contre moi. Je ne répète cette atrocité que parce qu'il faut enfin commencer à jeter quelque jour sur les causes, la marche, l'aliment de cette ridicule et monstrueuse affaire, pour empêcher que des hommes d'ailleurs honnêtes, ne se rendent les instruments des plus criminelles passions.

Le pitoyable argument auquel ce fait servait de base, y concordait parfaitement par son absurdité. Les cœurs purs, les esprits éclairés en furent également révoltés. Enfin la treizième section instruite par ces divagations de la nature de l'affaire, a déclaré, le 7 fructidor, toute la procédure nulle, condamné Touchet aux frais, s'est déclarée elle-même incompétente et a envoyé Touchet à se pourvoir devant qui il appartiendrait.

Il a trouvé le moyen de reporter l'affaire devant les tribunaux. Il m'a fait assigner de nouveau devant le juge de paix de la section du Luxembourg. Sur l'avis que j'en ai reçu, j'ai envoyé une procuration annonçant que j'étais toujours dans les mêmes dispositions que lors de mon passage de Chartres à Paris, et que bien volontiers je ne poursuivrais point Touchet. Je continuais de sacrifier à la concorde.

Quoique je sache très bien que les dix-huit mois d'emprisonnement, de vexations comitielles et de diffamations tribunitiales, ne suffisent point à la vengeance de la faction royaliste qui ne me pardonnera jamais ni mes opinions au conseil exécutif, ni mes actes au ministère de la guerre, ni mes opinions et mes actes à la mairie, et dans l'une et l'autre de mes fonctions, le renversement des projets des transfuges du parti populaire, au moment où le résultat de leur accommodement avec la Cour assurait le rétablissement du trône ; quoique je sache encore qu'une faction sourde et formée depuis, qui tend à tourner imperceptiblement l'État vers l'aristocratie, voit en moi un importun surveillant ; enfin que parmi les puissants, il en est que mon existence fatigue, parce que ma position au centre des affaires m'a procuré de leur conduite une connaissance précise qu'ils regardent comme dangereuse pour eux, je ne pensais pas que ces insensés pussent rattacher sérieusement à cette feuille pourrie le frêle tissu des fils dans lesquels ils veulent m'envelopper.

Je regardais la reprise de cette affaire comme une de ces espiégleries par lesquelles tantôt le royalisme effronté me fait incarcérer au Temple, ou émigrer à Londres, tantôt l'hypocrite aristocratie me fait parcourir les rues de Paris au bruit de ses imaginaires cors de chasse. Mais il paraît que mes ennemis ont cheminé. J'ai reçu, le 13 de ce mois, un jugement de la troisième section du tribunal civil de la Seine, qui m'impose l'obligation de m'en occuper, par le respect que j'ai toujours eu pour les lois et leurs organes juridiques.

Je lis dans son préambule LA REQUÊTE DE TOUCHET : *Attendu*, dit-il, *que son incarcération et son état de détention de l'ordre de Pache, maire de Paris, pendant trois ans, lui a fait perdre six bateaux marchands au port d'Orléans, il réclame des dommages et intérêts*. Je lis dans l'article POINT DE DROIT : qu'il *en réclame de plus pour les bénéfices qu'il estimait faire pendant la circulation libre des assignats et des mandats, et toujours les chères affiches au nombre de deux mille exemplaires.*

Ce n'est plus dix jours, onze mois, ni deux ans d'incarcération, c'est trois ans.

Passe pour les bateaux, mais l'agiotage sur les assignats et les mandats ! Vos amis sont si bons républicains, ils en font si lestement le serment dans toutes les occasions, et vous eussiez avili par l'agiotage la monnaie républicaine! Mais si vous avez pu agioter avec les dix mille livres, le moment était encore bon. Si vous étiez sous les liens du cautionnement, ces liens n'empêchaient point d'agioter. Si vous étiez retenu par ce cautionnement, c'était dans Paris, dont vous parcouriez les ports et les carrefours tous les jours et où l'on agiotait aussi bien qu'à Nantes; et puis vos amis du comité qui levaient le cautionnement pour vous envoyer à Chartres, ne le levaient pas pour aller au-delà? Non, vous n'avez pas été au-delà, pas même à Orléans. Mais dans le temps où vous étiez ainsi dans les liens du cautionnement, il n'y avait pas de mandats. Ils n'ont été créés, et décriés bien entendu, que quatre mois après la promulgation de la loi, qui, dites-vous dans votre première assignation, vous a rendu la liberté. Vous demandez donc des dommages et intérêts pour le bénéfice que vous auriez fait en agiotant avec les mandats qui n'existaient pas encore. Peut être, au reste, dans les productions prochaines, l'incarcération, de l'ordre du maire Pache, aura-t-elle été de quatre ans; les bateaux seront-ils chargés de cannelle, et faudra-t-il des dommages et intérêts pour le bénéfice que Touchet aura estimé faire sur les nouveaux billets de la banque de Londres.

Je vois cependant que, quoiqu'il augmente ses prétentions, Touchet n'est pas plus fort sur la preuve nécessaire du fait en question, du fait primordial, car il termine sa requête par demander tout uniment qu'*en cas de dénégation desdits faits par le citoyen Pache, il soit reçu à les prouver par témoins.*

La preuve par témoins est en effet généralement plus facile que celle par titres. Ce n'est pas ici le lieu d'examiner les causes physiques et morales de cette différence, ni de rechercher les modes qui pourraient perfectionner l'emploi de l'une et de l'autre. Elle m'est à moi aussi indifférente, cette preuve par témoins, que la preuve par titres. Malheureusement pour Touchet, ce genre de preuve par témoins, qu'il désire à l'exclusion de la preuve par titres, n'est pas admissible pour le fait principal et primordial dont il s'agit.

Parmi les actes de la compétence d'un fonctionnaire public, on ne peut lui attribuer que ceux auxquels il a concouru formellement. Lorsque son concours formel exige de sa part une pièce matérielle, on ne peut lui attribuer juridiquement un acte que sur la représentation de cette pièce.

Nous ne sommes plus à ces temps malheureux, où l'entendement humain, obscurci pas des erreurs sans nombre, admettait toutes sortes de preuves, et les admettait indifféremment sur toutes sortes de délits, en les classant seulement selon les personnes.

On a rejeté les preuves qui sont absurdes, celles par l'eau, par le feu, par l'eucharistie, etc. Le genre humain en est débarrassé. Le courage des philanthropes novateurs, qui ont bravé les oppositions de quelques contemporains séduits ou intéressés, vous a assuré cet avantage. Vous n'êtes plus déclarés enfants parricides, vous n'êtes plus déclarées femmes adultères, parce qu'un escamoteur ou un fourbe ont de l'adresse et de l'impudence.

Les preuves dont on a conservé l'usage, celles par

titres, par témoins, par serment, etc., sont employées avec discernement et classées selon les délits. Chaque genre de délit a son genre de preuve corrélatif. Dans le tribunal même le moins lettré, on ne demande pas de preuves par titres d'un acte qui doit s'exécuter sur un ordre verbal; on n'y admet pas la preuve, par témoins, d'un acte qui n'a pu s'exécuter que sur un ordre par écrit. Un huissier ne sera pas obligé de fournir la preuve par écrit d'un ordre qu'il reçoit verbalement, et il lui suffira d'en présenter la preuve par témoins. Un caissier ne sera point tenu à fournir, par témoins, l'ordre de délivrer cent mille livres qui ne se donne que par écrit, et il devra fournir cette preuve par titres.

Ainsi l'ordre d'emprisonner étant de la classe de ceux qui doivent être toujours donnés par écrit, la preuve qu'un fonctionnaire public a donné cet ordre doit toujours se faire par la représentation de cette pièce matérielle, doit toujours se faire par titres, et ne peut se faire par témoins.

Dès que la preuve par témoins n'est pas admissible, parce que les faits sont physiquement impossibles, un témoignage ne donne pas même le plus léger degré de probabilité; il n'est donc pas un élément de la probabilité. Dix témoignages, cent, mille témoignages, qui chacun n'ont aucune valeur, n'en acquièrent pas par leur nombre et ne forment jamais preuve.

Cent mille hommes se réuniraient et concourraient pour dire qu'un démocrate assassiné juridiquement par les despotes et les prêtres de son pays, dont tout le sang a coulé par une large blessure faite à son côté, est ressuscité trois jours après son attentat, que cela ne formerait pas une preuve.

Il en est de même lorsque les faits, étant physiquement possibles, sont de nature à être exclusivement prouvés par titres : un témoignage n'est pas un élément de probabilité : dix, cent, mille témoignages qui chacun n'ont aucune valeur, n'en peuvent acquérir et ne forment jamais preuve.

Cent mille hommes se réuniraient dans trois ou quatre ans pour dire que le président de la troisième section du tribunal civil de la Seine, en l'an V, a signé un jugement par lequel le tribunal accorde des dommages et intérêts, pour un fait qui n'est pas légalement jugé, payables par un fonctionnaire qu'on ne prouve pas légalement en être l'auteur, que cette réunion de témoins ne formerait pas une preuve.

Il faut, dans ce dernier cas, la preuve appropriée au genre de fait, la preuve par titres. On dirait aux témoins nombreux : *Ne criez pas tant et fournissez la preuve.* Peut-être même que leurs cris paraîtraient, à beaucoup de gens sensés, un très haut degré de probabilité du contraire de leur assertion, probabilité qui serait rangée en certitude, lorsque ces témoins n'apporteraient pas la preuve demandée, savoir : le jugement ou une expédition en forme du jugement.

Je m'abstiens de toute réflexion sur la nécessité de conserver ces limites dans l'emploi des preuves. Si l'on s'en écartait, le peu de solidité qui existe déjà dans les rapports entre les hommes en serait encore beaucoup diminué.

Quant à ma *dénégation* dont parle Touchet, et sur laquelle il se fonde pour demander cette preuve par témoins, je le répète, un tribunal qui s'estime compétent, pour juger une demande en dommages-intérêts à l'occasion d'un ordre d'arrestation donné par un fonctionnaire public, ne peut prononcer, sur la demande, que le délit ne soit légalement jugé.

Un tribunal qui s'estime compétent pour juger l'ordre d'arrestation donné par un officier de police, le premier terme de la série des actes judiciaires dans lequel l'officier de police remplit en même temps les fonctions et les devoirs sacrés de juge et de juré, ne peut prononcer sur l'abus de l'acte et attribuer l'abus, que l'acte lui-même et *son auteur ne soient légalement constatés.*

Si le fonctionnaire public avoue être l'auteur de l'acte, la procédure peut être suivie.

Mais si le fonctionnaire public, qu'on accuse de l'acte, nie qu'il en soit l'auteur, sur cette dénégation, sur la demande juridique faite à celui qui accuse de fournir la preuve légale, sur l'aveu qu'il ne peut la fournir, le tribunal déboute le demandeur et le condamne aux frais ; c'est ce qui peut lui arriver de moins malheureux.

Ma dénégation suffit donc à ma défense ; elle suffit encore à l'état de mon cœur en ce moment, et je ne dois pas plus aller au delà devant la troisième section du tribunal que devant la treizième.

Oui, je suis persuadé, quelle que soit la puissance momentanée dont jouissent mes adversaires, qu'il n'existe pas en France un tribunal qui prononce une condamnation en dommages et intérêts contre un fonctionnaire public, qu'il n'ait été antérieurement constaté par preuves légales qu'il en est l'auteur ; qu'il n'y a pas un tribunal en France qui ne repousse un demandeur en dommages et intérêts, qui ne peut fournir la preuve légale que l'auteur du délit supposé est celui à qui il l'attribue, c'est-à-dire, dans l'espèce présente, l'*ordre par écrit d'emprisonner :* j'ai cette confiance, et elle ne sera pas trompée.

En continuant de lire le préambule du jugement, j'y trouve, à l'article Point de fait, que *cet acte arbitraire a été commis par le citoyen Pache, lors maire de Paris, qui alors, pour voiler cette action, s'est servi du nom de la section des Arcis, qui n'en avait point le droit, et qui n'y a point participé;* et à l'article Point de droit, le *citoyen Pache a, sans droit ni qualité, privé Touchet de sa liberté.*

Je n'avais pas besoin de voile comme on le suppose dans cette nouvelle version de la fable, dans ce nouvel *imbroglio*, puisque je pouvais, sans compromettre ma responsabilité, mettre ou concourir à mettre en arrestation P. Touchet. Mais en supposant que j'aie voulu voiler ce prétendu acte arbitraire, je ne pouvais avoir recours à la section des Arcis, puisque, selon le rédacteur des articles, elle n'en avait pas le droit et n'y participait pas.

Enfin, on me qualifie de *Maire*, dans l'article Point de fait, et cependant on lit dans l'article Point de droit, que je *n'avais ni droit ni qualité*. Mais si j'étais maire de Paris, *j'avais qualité:* j'étais président de l'administration de police ; je pouvais y signer, y délibérer, y voter, en recueillir les opinions, signer les délibérations et les mandats d'arrêt, etc., etc. C'est bien quelque droit. Peut-être en viendra-t-on à prouver *par témoins* que je n'étais pas maire. En attendant, je ne peux, dans la même affaire, être maire dans le *point de fait*, et particulier dans le *point de droit*, comme on le veut dans ces deux articles.

Il faut que l'on se décide pour l'un ou pour l'autre état politique qu'on veut me donner. Ils me sont absolument indifférents : j'ai traité l'affaire comme fonctionnaire public. Je la traiterai quand on voudra sous celui de particulier. Ce n'est pas à moi à commencer.

Ces deux articles du préambule sont suivis du jugement du tribunal, selon lequel, *dans le délai d'un mois, Touchet fera preuve, tant par titres que par témoins, des faits par lui articulés, sauf à Pache la preuve contraire dans le même délai. Signé : Joubert, président ; Bumbin, Desroziers, Muzeant et Vignier.*

La troisième section a donc senti qu'elle ne pouvait adjuger des dommages et intérêts sans constater les faits pour lesquels on les demandait. Elle exige enfin que Touchet fournisse juridiquement les preuves si longtemps attendues des faits articulés.

Elle emploie ces mots, *preuves par titres et par témoins des faits*, parce qu'elle ne peut rien préjuger de l'impossibilité où Touchet se trouvera de fournir la preuve nécessaire du fait principal et primordial ; et qu'en supposant, comme elle le doit, qu'il la fournisse, elle embrasse dans son jugement tous les faits dont l'examen suivra, savoir : les effets du cautionnement, les pertes sur les mandats, etc., à quelques-uns desquels faits les deux sortes de preuves par titres et par témoins peuvent se rapporter.

Au sujet des preuves par titres du fait principal et primordial, j'ai lieu de croire que Touchet ne pourra en fournir ; mais si, par impossible, il en présentait, vu mon absence forcée de Paris, en exécution de la loi du 21 floréal, an IV, j'espère que le tribunal ordonnera que les copies collationnées et certifiées de ces pièces me seront envoyées, afin que j'y réponde ; je ne peux d'avance discuter ces pièces dont je chercherais en vain à me former une idée.

Sur la preuve par témoins, comme elle est inadmissible dans l'espèce présente pour le fait principal et primordial, je n'ai point à m'en occuper en ce moment. Si, par impossible, le tribunal admettait des témoins, il voudrait bien obtenir du ministre de la justice qu'il m'envoie une autorisation de me rendre à Paris, en exception de la loi du 21 floréal, an IV. Cette disposition est indispensablement nécessaire, car un accusé ne peut débattre des dépositions de témoins qu'en personne et contradictoirement avec les témoins aussi en personne.

J'attends des lumières de la raison, des sentiments d'équité naturelle, et de l'exécution des lois positives, que ces observations seront prises en considération. Un tribunal qui s'en écarterait ne jugerait point le fait en question, ou le jugerait sur des preuves inadmissibles dans l'espèce, ou le jugerait sur des preuves admissibles, mais n'en ayant entendu qu'une des parties. Quoique je ne redoute aucune de ces trois sortes d'erreurs de la part de la troisième section, j'ai cru, vu l'éloignement forcé où me retient une loi, devoir les consigner dans ce mémoire, pour être lues à l'audience du 25 germinal et déposées ensuite sur le bureau.

Si j'avais fait emprisonner dans ces temps de crises, de troubles, de tumultes et d'exagération, je ne dis pas durant trois ans, mais durant trois jours, un citoyen dont la conduite ne présentait aucun caractère de nocibilité, j'irais à lui, je lui dirais : excuse-moi, l'homme est sujet à l'erreur ; si ses plaies étaient encore ouvertes, je chercherais à y porter le baume le plus précieux ; mais lorsque je vois une lâche intrigue employée pendant dix huit mois, sous le régime révolutionnaire, pour me faire perdre la vie, se raviver depuis quinze, sous le régime constitutionnel, pour salir ma mémoire par l'attribution d'une prétendue faute que je n'ai pas commise, je me crois enfin parvenu à ce terme où la modération devient pusillanimité, où la longanimité devient faiblesse, où le mépris cesse d'être élévation, où le pardon cesse d'être générosité, et j'userai à l'avenir des droits d'une légitime défense.

PACHE.

J.-N. PACHE

SUR UNE AFFAIRE PENDANTE A LA TROISIÈME SECTION DU TRIBUNAL CIVIL DE LA SEINE

SECOND MÉMOIRE

DE L'IMPRIMERIE DE R. VATAR

PARIS, RUE DE L'UNIVERSITÉ, N° 139 OU 926.

J.-N. PACHE

SUR UNE AFFAIRE PENDANTE A LA TROISIÈME SECTION DU TRIBUNAL CIVIL DE LA SEINE

SECOND MÉMOIRE

J'ai dit, dans un premier mémoire, que le citoyen Touchet avait trouvé le moyen de reporter sa demande devant les tribunaux. Obligé de l'envoyer pour l'audience du 25 germinal, je ne pouvais y parler de ce moyen avec le développement qu'il mérite, et j'ai remis à en traiter dans un second mémoire.

La treizième section du Tribunal civil de la Seine avait été insensible au grand argument, qu'il fallait me condamner à des dommages-intérêts, parce que MM. du Comité de sûreté générale avaient commis un crime atroce, celui de donner à un homme déposant contre moi au tribunal criminel d'Eure-et-Loir, une somme de dix mille livres, par forme d'avance de ce qu'on lui allouerait quand, par l'effet de toutes ces nobles et religieuses poursuites, je serais détruit.

Cette section du tribunal, suffisamment instruite de la nature de l'affaire, avait déclaré la demande de Touchet non recevable, la procédure nulle avec dépens, en le renvoyant d'ailleurs à se pourvoir par devant qui il appartiendrait. Touchet et ses amis se trouvèrent dans l'embarras.

S'ils eussent pensé qu'il y avait lieu à l'appel, l'article 219 de la Constitution traçait la marche : *L'appel des jugements prononcés par le tribunal civil se porte au tribunal civil de l'un des trois départements les plus voisins.*

S'ils eussent pensé qu'il y avait lieu à recours en cassation, ils pouvaient agir selon l'article 255 de la Constitution : *Ce tribunal casse les jugements rendus sur des procédures dans lesquelles les formes ont été violées,* OU QUI CONTIENNENT QUELQUE CONTRAVENTION EXPRESSE AVEC LA LOI, *et renvoie le fond du procès au tribunal qui doit en connaître.*

Ils ont estimé que ni les tribunaux des départements voisins, ni le tribunal de cassation ne se prêteraient à cette basse intrigue. Ils ont trouvé plus facile de s'adresser au Ministère de la Justice, et bientôt le Directoire a signé l'arrêté suivant.

MINISTÈRE DE LA JUSTICE

LIBERTÉ — JUSTICE — ÉGALITÉ

EXTRAIT du Registre des Délibérations du Directoire exécutif.

Paris, le 28 fructidor, an IV de la République.

Le Directoire exécutif, après avoir entendu le rapport du Ministre de la Justice, vu la pétition présentée par le citoyen P. Touchet, par laquelle il expose que la détention qu'il a subie par l'ordre du citoyen Pache, alors Maire de Paris, lui a causé un préjudice considérable, que l'ayant assigné en dommages et intérêts devant le Tribunal civil du département de la Seine, il a été déclaré non recevable dans sa demande, parce que l'article 203 de l'acte constitutionnel défend aux juges de citer devant eux les administrateurs pour raison de leurs fonctions; considérant que l'article VI de la loi du 4 brumaire, etc..., a réservé à ceux qui prétendraient avoir été lésés par des administrateurs accusés de délits révolutionnaires, le droit de les poursuivre par juges civils; arrête, conformément à l'article 196 de l'acte constitutionnel, que le citoyen Touchet, etc., est, et demeure autorisé à poursuivre, par juges civils, en dommages et intérêts, le citoyen Pache, ex-maire de Paris, devant les tribunaux compétents, fins de non recevoir et défense réservées à ce contraire, charge le Ministre de la Justice de l'exécution du présent arrêté qui ne sera point imprimé.

Pour copie conforme :

Signé : L.-M. RÉVEILLÈRE-LEPAUX,
Président.

Par le Directoire exécutif :

Le Secrétaire général,
Signé : LAGARDE.

Une nouvelle section du Tribunal civil, supposée sans doute moins délicate que la treizième, non instituée, ni organisée par conséquent pour juger des actes de la nature de celui dont j'étais accusé, cumulant toutes les questions, et sur l'existence de l'acte qui m'était imputé, et sur le prétendu arbitraire de cet acte, et sur ses résultats, prévenue, par la tournure adroite de l'arrêté, de cette fausse idée qu'il ne s'agissait que de prononcer des dommages et intérêts, devait, durant mon absence forcée de Paris, conduire cette affaire à son terme, avec une obscurité dans la marche et un éclat à sa fin qui convenait à mes adversaires. La troisième section n'a pas opéré aussi aveuglément : elle a rendu un jugement pour avoir les preuves des faits par titres et par témoins. On m'en a instruit, en me demandant des renseignements sur ces faits ; j'en ai donné quelques-uns.

Les assignations-Touchet m'obligent de me défendre d'une accusation, je le ferai ; les arrêtés-Merlin m'obligent d'attaquer le Directoire, car c'est aussi une partie de la défense légitime que de repousser les auxiliaires de son ennemi, je le ferai ; je le dois encore pour l'intérêt de l'ordre social.

L'arrêté du Directoire a deux parties. Dans la première, il ordonne au tribunal civil de juger une demande en dommages-intérêts, d'après l'article VI de la loi du 4 brumaire. Dans la seconde, il casse, en vertu de l'article 196 de la Constitution, un acte d'administration et il renvoie l'ex-maire de Paris devant le tribunal civil. Je vais examiner ces deux dispositions.

§ Ier.

Considérant que l'article VI de la loi du 4 brumaire a réservé à ceux qui prétendraient avoir été lésés par des administrateurs accusés de délits révolutionnaires, le droit de les poursuivre par juges civils, le Directoire arrête que le citoyen Touchet est et demeure autorisé à poursuivre, par juges civils, en dommages et intérêts, le citoyen Pache, ex-maire de Paris.

Il y a d'abord un faux matériel dans la citation de la loi qui sert de base à l'arrêté.

L'article VI de la loi du 4 brumaire ne parle point *d'administrateurs.*

Cet article VI ne parle point de *délits.*

Et dans tout le cours de la loi du 4 brumaire, le législateur n'a pas employé une seule fois les expressions réunies de *délits révolutionnaires*; cela même était contraire à l'esprit de la loi. On pourra juger dans la suite du but de ce faux matériel.

L'article III de la loi du 4 brumaire porte : *La Convention abolit, à compter de ce jour, tout décret d'accusation ou d'arrestation, tous mandats d'arrêt mis ou non à exécution, toutes procédures, poursuites et jugements portant sur des faits purement relatifs à la révolution.*

Cet article défend donc toute poursuite sur des faits purement relatifs à la Révolution.

L'article VI, *par une exception* justement apportée à cette disposition générale, à cette prohibition générale de toute poursuite pour quelque cas que ce soit, permet les poursuites au civil pour les cas y énoncés : *Tous ceux qui sont ou seront accusés de dilapidation de la fortune publique, concussions, taxes et levées de deniers avec retenue du tout ou de partie, au profit de ceux qui les auront imposés, ou de tout autre fait semblable, survenu pendant le cours et à l'occasion de la Révolution, pourront être poursuivis, soit au nom de la nation, soit par les citoyens qui prouveront qu'ils ont été lésés : mais les poursuites se feront seulement par action civile et à fin de restitution, sans aucune autre peine.*

Dans les lois, un article portant prohibition générale, suivi d'un autre article portant exception, conserve sa force prohibitive pour tous les cas non compris dans l'exception. On n'a jamais élevé de contestation sur ce principe ; ainsi on pourra poursuivre par action civile, pour les cas compris dans l'article d'exception, mais pour tous les autres cas possibles, on ne peut entreprendre aucune poursuite.

Il paraît que, dans les premiers moments de l'exécution de la Constitution, quelques cœurs étaient encore agités comme l'eau des lacs ou de la mer reste en fluctuation après que les vents ont cessé. Il paraît que certains juges, d'un caractère au-dessous de la sublimité de leurs fonctions, se prêtaient à interpréter cet article de la loi, et à en faire une fausse application, en recevant des demandes en dommages et intérêts pour des mises en arrestation.

Le Ministre de la Justice, prédécesseur de Merlin, dont les patriotes ont vu avec peine la démission, avait dicté à ce sujet un message du Directoire au corps législatif. Il est ainsi conçu :

« 26 germinal, an IV.

« Un décret du 12 août 1793 a ordonné que tous les « gens suspects seraient mis en arrestation. Deux autres « du 21 germinal et du premier prairial an III, ont « ordonné le désarmement et l'arrestation des agents de « la tyrannie qui précéda le 9 thermidor. Par un qua- « trième décret du 7 prairial, des femmes ont été sou- « mises aux mêmes mesures de sûreté et de police.

« Tous ces décrets de révolution et de réaction n'ont « été rapportés que le 15 vendémiaire dernier. Enfin, le « 4 brumaire suivant, la Convention a aboli les pour- « suites, les mandats, les accusations, les jugements « portant sur des faits *purement relatifs à la Révolution*, « et n'a réservé que l'action civile, *à fin de restitution*, « sans aucune autre peine.

« Il semble que, dans cet état des choses, on ne puisse « plus porter en jugement, pour des faits *purement rela- « tifs à la Révolution*, que des demandes *à fin de restitu- « tion*; cependant les tribunaux civils retentissent des « demandes, *à fin de dommages et intérêts*, formées par « des citoyens qui ont été *incarcérés* à chacune de ces « diverses crises de la Révolution.

« Ces demandes sont accueillies avec empressement « par beaucoup de tribunaux, et notamment par des « juges, qui, ayant eux-mêmes été incarcérés, prononcent « dans des causes qui ne leur sont pas étrangères, et « c'est ainsi que se ruinent les républicains depuis qu'ils « ne peuvent plus s'assassiner.

« Outre l'injustice de ces actions judiciaires, nous « devons vous les déférer comme produisant deux grands

« maux politiques : 1° Elles nourrissent l'esprit de « parti, la diffamation, le désir et l'espérance d'une « prochaine vengeance ; elles produisent une succession « déplorable d'action et de réaction, au milieu des« quelles vous remarquerez que l'opinion publique « reste incertaine, et que les meilleures institutions, les « meilleures lois, n'ont point affermi l'ordre public.

« Mais le plus grand de tous les maux qui résultent « de ces poursuites civiles, est le refus formel de con« courir à l'exécution des lois répressives ; refus que le « gouvernement n'éprouve que trop fréquemment dans « plusieurs tribunaux. Les émigrés, les prêtres réfrac« taires, les rebelles, les déserteurs et ceux qui les « recèlent, jouissent d'une faveur aussi ouverte que « scandaleuse. L'exemple du passé amortit l'amour du « bien public, et à peine ose-t-on dénoncer ces hommes « qui conspirent si manifestement contre la République.

« Vous ne pouvez donc trop tôt établir ce principe de « justice et de concorde, que des citoyens qui ont « ordonné ou effectué des arrestations à des époques « antérieures à l'établissement de la constitution, n'en « doivent pas être civilement responsables, parce qu'en « effet c'est le gouvernement qui a donné la première « impulsion des actes de rigueur qui ont suivi le « 31 mai 1793 ; parce que c'est le gouvernement qui a « donné la première impulsion des arrestations d'hommes « et de femmes effectuées en prairial dernier ; parce que « c'est au gouvernement qu'il appartiendra dans un « temps plus heureux, et qui sans doute n'est pas « éloigné, d'accorder des secours et des indemnités aux

« citoyens qui ont éprouvé des malheurs non mérités ;
« et qu'en attendant cette époque désirée, le législateur
« ne doit pas souffrir, quoique dirigé par des principes
« différents, que des citoyens soient individuellement
« actionnés pour avoir secondé l'impulsion d'un gou-
« vernement tantôt révolutionnaire et tantôt rétro-
« grade. »

Le Message, après avoir été lu au Conseil des Cinq-Cents, fut renvoyé à une Commission. Le rapporteur s'est présenté plusieurs fois à la tribune, a proposé un projet de résolution qui a été ajourné, et le Corps législatif n'a rien prononcé.

Quel que soit le projet, la loi du 4 brumaire reste à cet égard dans toute son intégrité, dans toute sa vigueur, et doit être littéralement exécutée. Cela est incontestable. C'est même la doctrine que Merlin, Ministre de la Justice, a eu occasion de développer dans un message sur un autre objet.

Celui-ci montre que le Directoire était persuadé, en germinal, an IV, qu'un citoyen ne pouvait en poursuivre un autre pour mises en arrestation, ni former à cette occasion des demandes en dommages et intérêts, et qu'il réprouvait fortement les juges qui se permettaient de semblables poursuites.

On pourrait lui demander s'il est de l'essence du régime constitutionnel qu'il change, selon les lunes, le sens des lois, et qu'elles signifient *oui* en germinal, et *non* en fructidor ; on se procurerait son calendrier; ou bien qu'il change ce sens selon les personnes, et qu'elles signifient *oui* pour un citoyen et *non* pour un autre ; on se procurerait son tableau de classification des personnes. Mais, sans perdre plus de temps à mettre en opposition le girouétisme condamnable du Directoire avec la fixité nécessaire du sens des lois dans un état policé, occupons-nous de rechercher le sens littéral propre de chacun des mots de cet article, sens qui convient seul au langage des lois.

Il ne présente aucun doute. L'article VI veut que *tous ceux qui sont ou seront accusés : 1° de dilapidation de la fortune publique : 2° de concussion : 3° de taxe : et 4° de levées de deniers avec retenue du tout ou de partie au profit de ceux qui les auront imposées, ou de tout autre fait semblable, puissent être poursuivis par action civile et à fin de restitution.* C'est à ces quatre cas que se borne l'exception. Hors ces quatre cas, et les faits qui leur sont semblables, il n'admet point de poursuites.

Mon adversaire ne me poursuit pour aucun de ces quatre cas ; ce ne peut être alors que pour des faits semblables. Il range donc les mises en arrestation parmi les faits semblables énoncés dans l'article d'exception.

Que Touchet, dont la combinaison s'est développée en os et en muscles, comme celle de certains arbres se développe en boutons à bois ; que Touchet, qui par la trop injuste inégalité dans la répartition ancienne de l'éducation, n'a pas eu l'avantage d'étayer la faiblesse naturelle de son entendement par quelques connaissances théoriques, ne sache à quoi rapporter les mots, *ou d'autres faits semblables*, ne sache pas quelle est leur valeur, il n'y a rien d'étonnant.

Mais que Merlin, dont l'organisation délicate est plus nerveuse et plus nervine, qui, si nous en croyons les mémoires déjà imprimés sur cette petite merveille, a eu le bonheur d'être élevé au collège d'Auchin; que cet homme, qui eût été compris par Baillet dans ses *Enfants illustres*, et pour lequel on fera certainement un supplément à cet ouvrage, ne découvre pas à quoi se rapporte ces mots : *ou autres faits semblables*, et ne sente pas leur valeur, c'est un objet vraiment digne de surprise.

Je me reporte avec plaisir à l'enfance de Merlin, où il doit se replacer lui-même sans peine, puisque déjà il jouissait d'une gloriole, précurseur de la gloire qui l'attend ; il ne manquait point alors d'*émulation*, à ce qu'il paraît, et, cependant, j'entends sa chère tante de Douay, qui avait cinq bonnes mille livres de rente, lui disant : « *Merlinet, si tu sais bien ton musa, mon ami, je te donnerai une biscotte, un macaron, un massepain, ou* QUELQU'AUTRE CHOSE SEMBLABLE *qui flattera ton goût*.

Avez-vous jamais cru, Merlin, que par ces mots *ou quelqu'autre chose semblable*, votre chère tante de Douay vous promit un castor ou une guinguette brodée? Non sans doute, vous avez compris qu'elle vous promettait *quelqu'autre chose semblable* aux objets qu'elle avait énoncés précédemment, et dont elle ne voulait point continuer l'énumération, par exemple, des dragées, des confitures, une pastille, etc., etc.; et n'avez-vous pas été confirmé dans cette opinion lorsque vous avez entendu le reste de la phrase de cette chère tante : je te promets un biscuit ou quelqu'autre chose semblable *qui flattera ton goût?* Ne vous a-t-il pas paru que c'était quelqu'autre chose à manger, et de plus, bonne à manger, l'eau ne vous en est-elle pas venue à la bouche?

Revenez, ministre Merlin, à votre intelligence enfantine; ne confirmez pas le proverbe : *Enfant spirituel, homme sot.*

Ridiculum..... fortius ac melius..... Cependant cet arrêté est d'un grand intérêt; il porte sur tous les citoyens qui ont pris part aux arrestations multipliées faites à toutes les époques de la Révolution depuis 1789; il porte sur tous les citoyens qui, par quelqu'autre circonstance révolutionnaire que ce soit, ont pu occasionner le moindre dommage réel ou imaginaire à un de leurs voisins; deux classes très nombreuses que l'on pourrait, d'après cet arrêté, poursuivre comme moi devant les tribunaux civils pour des demandes en dommages et intérêts, avec des affiches en réparations. Je dois donc en venir à des raisonnements rigoureux.

A quoi se rapportent-ils donc ces mots : *ou autres faits semblables?* Il suffira de demander aux hommes les moins lettrés, mais pourvus d'un entendement sain, aux écoliers les plus faibles du plus mince collège, comme aux membres les plus forts de l'Institut national. Vous aurez toujours la même réponse. Ils vous diront tous de concert que c'est à la dilapidation de la fortune publique, à la concussion, aux taxes et levées des deniers, avec retenue du tout ou de partie au profit de ceux qui les auront imposées. L'ordre grammatical de la phrase le veut. On ne peut y rapporter ces derniers mots qu'aux expressions qui les précèdent.

Quelle est la valeur de ces mots? Qu'est ce, en général, qu'*un fait semblable à un autre?*

Tous les mots exprimant des faits présentent à l'esprit une idée principale, avec ou sans idées accessoires.

Lorsque des mots présentent à l'esprit la même idée principale sans idées accessoires, ou avec les mêmes idées accessoires, ces faits sont dits être *les mêmes*.

Lorsque des mots présentent à l'esprit la même idée principale et des idées accessoires différentes, les faits sont dits être *semblables*.

Lorsque des mots présentent à l'esprit des idées principales différentes, quelles que soient les idées accessoires, les faits ne sont dits ni les mêmes, ni semblables, mais différents.

Vol et vol présentent la même idée principale sans idées accessoires différentes, ce sont le *même fait*; assassinat et assassinat sont le *même fait*.

Mais pillage et vol présentent la même idée principale de l'envahissement du bien d'autrui, avec des idées accessoires différentes, ce sont des *faits semblables*; assassinat, empoisonnement présentent la même idée principale d'attentat à la vie d'autrui, avec des idées accessoires différentes, et sont des *faits semblables*.

Enfin, vol et empoisonnement ne sont ni les mêmes faits, ni des faits semblables, ce sont des *faits différents*, parce qu'ils diffèrent dans l'idée principale, dont l'une est l'envahissement du bien d'autrui, et l'autre, l'attentat à la vie d'autrui, quelles que soient les idées accessoires, quoique tous les deux soient des crimes, quoique tous les deux, etc.

Il me serait plus doux de parler de vertus; mais telle est la fâcheuse position où me place l'injustice de quelques hommes et la faiblesse de quelques autres, que, pour les empêcher d'en consommer un, il faut que je leur parle de crimes.

Dans le cas particulier d'une énumération de faits dans une loi, qu'est-ce qu'un *fait semblable* à ceux précédemment énoncés ?

C'est un fait qui concorde avec l'idée principale de chacun des faits précédemment énoncés, quoi qu'il s'en écarte dans les idées accessoires, ou bien avec l'idée principale commune à quelques-uns de ces faits, ou à tous ces faits.

Lorsqu'une loi parle de la dilapidation de la fortune publique, de concussions, de taxes, de levées de deniers avec retenue de tout ou de partie au profit de ceux qui les ont imposées, ou *autres faits semblables*, ces mots, *ou autres faits semblables*, signifient ou autres faits qui présentent la même idée principale que quelques unes des expressions employées dans l'énumération, ou bien la même idée principale commune à quelques-unes ou à toutes ces expressions.

Si ces quatre expressions présentent à l'esprit quatre idées principales différentes, il peut y avoir quatre classes de *faits semblables :* mais il ne peut y en avoir une cinquième, puisqu'un fait, pour être assimilé, doit se rapporter à l'une des quatre idées principales, type de la similitude.

Si ces quatre expressions présentent à l'esprit une seule idée principale, commune à toutes les quatre, il ne peut y avoir qu'une classe de *faits semblables*, qui se rapporte à ce type unique de similitude.

Ici, c'est le dernier cas. Les quatre expressions présentent une idée principale commune.

Quelle est cette idée principale commune aux expressions : dilapidation de la fortune publique, concussions, taxes et levées de deniers avec retenue du tout ou de partie au profit de ceux qui les ont imposées ?

Il ne peut y avoir dilapidation de la fortune publique, concussions, taxes et levées de deniers avec retenue du tout ou de partie au profit de ceux qui les ont imposées, qu'il n'y ait perception médiate ou immédiate de sommes indûment employées ou indûment retenues, avec un profit direct ou indirect.

Cette idée est le *sine quâ non* des quatre faits auxquels elle est commune ; elle est donc l'idée principale commune.

Tout fait qui présente l'idée principale de perception médiate ou immédiate de sommes indûment employées ou indûment retenues avec profit direct ou indirect, sera un *fait semblable*.

Tout fait qui ne présente pas une telle idée n'est pas un *fait semblable*.

Maintenant la mise en arrestation présente-t-elle quelque chose de cette idée principale commune ? non. Elle présente seulement l'idée de l'emprisonnement. La mise en arrestation n'est donc pas un *fait semblable* à ceux pour lesquels la poursuite civile est permise par l'article VI de la loi du 4 brumaire.

Mais quels sont les *faits semblables*, quels seraient les faits qu'on pourrait *assimiler ?* Je vais vous en indiquer. en me rapprochant même des arrestations.

Lorsque le Comité de Sûreté générale de la Convention ordonna qu'on nous fouille, hommes et femmes jusques *in extremis* pour nous ôter nos assignats, et que le Comité de Salut public prit un arrêté approbatif et confirmatif, qui en commandait l'exécution à l'Administration de la police, arrêté signé des Septemvirs Carnot, etc., arrêté imprimé et affiché dans nos prisons, nous déposâmes nos fonds entre les mains de ceux qui étaient chargés de l'exécution de l'arrêté. Ce n'est pas une dilapidation, concussion, taxe et levée de deniers, c'est un dépôt. Si les percepteurs ont indûment employé ou retenu à leur profit direct ou indirect les sommes déposées, ce n'est pas un fait *différent* puisque l'idée principale commune s'y trouve, ni le *même* fait, puisqu'elle s'y trouve avec des idées accessoires différentes, c'est un *fait semblable* : et nous pouvons, d'après l'article VI de la loi du 4 brumaire, poursuivre *par action civile*, à fin de restitution, les exécuteurs, fabricateurs ou confirmateurs de l'arrêté.

Lorsqu'un homme, servant avec zèle la République, et sans égard aux intérêts du corps du septemvirat, méritait d'être arrêté en vertu d'un mandat signé par les Septemvirs Carnot, etc., et qu'un agent du Comité de sûreté générale prenait son arme pour la porter dans la salle à ce destinée près du Comité, ce n'était ni dilapidation, ni concussion, ni taxe, ni levée de deniers, c'était un désarmement. Si l'arme a été indûment retenue au profit de l'arrestateur ou du désarmeur, c'est un autre *fait semblable* pour lequel on pourrait poursuivre à fin de restitution.

Vous direz : *Nous n'autorisons pas la poursuite pour la mise en arrestation, mais pour le dommage résultant de la mise en arrestation.*

Je pourrais vous répondre que vous n'avez pas le droit de changer ainsi le texte des lois, et de supposer le mot dommage où il n'est pas, et de poursuivre en conséquence de cette supposition; mais, je le veux bien, considérons l'objet sous ce nouveau point de vue.

Recherchons si un dommage occasionné par une mise en arrestation est un fait semblable à un dommage occasionné par dilapidations, concussions, taxes et levées de deniers avec retenue du tout ou de partie au profit de ceux qui les ont imposées.

Le dommage de cette dernière espèce est l'effet de la perception médiate ou immédiate de sommes indûment employées ou retenues avec profit direct ou indirect. Mais le dommage occasionné par une mise en arrestation n'a aucun rapport avec cette idée principale commune. Ce dommage n'est point l'effet de la perception d'aucune somme que l'arrestateur ait indûment employée ou retenue ; ce dommage n'a procuré aucun profit, ni direct, ni indirect, à l'arrestateur. Il est essentiellement différent, il n'est pas un fait semblable, il ne peut être assimilé.

Et s'il y avait le moindre doute à ce sujet, la suite de l'article qui n'autorise à poursuivre qu'à *fin de restitution* le détruirait. L'acte de restituer est exclusivement corrélatif de celui de percevoir. Dans tout acte, où l'on n'a rien perçu, on ne peut rien *restituer*. Le dommage occasionné par une mise en arrestation, n'ayant pas donné lieu à percevoir, ne peut donner lieu à restitution. Cette espèce de dommage, exclu par le commencement de l'article, l'est encore par la fin.

Enfin vous n'ignorez point qu'en France, lorsqu'il y a dommage par perception, on poursuit en demande à fin de restitution ; tandis que, lorsqu'il y a dommage pour tout autre cause, on poursuit en demande à fin de dommages et intérêts.

Vous insistez : *Il y a dommage par la dilapidation, la concussion, etc. : il y a aussi dommage par arrestation. C'est dommage et dommage, puisqu'on peut poursuivre pour l'un, on peut poursuivre pour l'autre.*

Cela n'est pas très exact. *Il y a fagots et fagots*, comme disait Sganarelle. Une loi positive autorise les poursuites pour tous dommages en général, ou elle les autorise seulement pour une clause de dommages qu'elle spécifie, et exclut les poursuites pour toutes les autres classes.

La loi du 4 brumaire est de ce dernier ordre. Elle autorise des poursuites pour dommages occasionnés par dilapidation, et elle les défend pour toutes les autres espèces de dommages, dont ceux occasionnés par les arrestations font partie.

Et quels seraient donc ces autres espèces de dommages également exclus ?

Je vais vous en indiquer. Les dommages occasionnés par des dénonciations qui auraient donné lieu à changer de domicile, à cesser ainsi son travail ou l'emploi de son industrie, les dommages occasionnés par des actes qui auraient donné lieu de fuir ou de se cacher de manière à être portés sur la liste des émigrés, à abandonner ainsi le soin de son bien qui aurait été remis à l'administration des biens nationaux ; les dommages occasionnés par des destitutions qui auraient privé de fonctions ou même d'emplois pour lesquels on avait précédemment quitté des occupations lucratives, etc.

Enfin direz-vous, et vous l'avez mis en toutes lettres dans votre arrêté : *L'article VI autorise les poursuites par les citoyens qui pourront être lésés par des administrateurs accusés de délits révolutionnaires.*

Qui pourront être lésés... Mais pourquoi lésés? par l'effet des actes précédemment énoncés, par les dilapidations ou autres faits semblables. La loi, en autorisant, la poursuite des citoyens lésés par cette espèce de faits, défend toutes poursuites pour la lésion résultante de toute autre espèce de faits, et par conséquent de la mise en arrestation.

Qui pourront être lésés par des administrateurs accusés de délits révolutionnaires. Ces mots *par des administrateurs accusés de délits révolutionnaires* ne sont pas dans la loi, c'est un faux matériel dans votre arrêté.

Mais par qui lésés? par les auteurs, quels qu'ils soient, des faits pour lesquels la loi autorise des poursuites, par les auteurs de dilapidation, ce qui exclut les auteurs de toute autre lésion dont la poursuite est défendue par la loi.

Le texte de cette loi est net, l'ordre grammatical est exactement suivi sans inversion, sans transposition ; le sens littéral propre de chaque mot est clair ; le sens composé de la phrase ne l'est pas moins ; tous les mots, tous les membres de la phrase correspondent parfaitement ; il ne peut y avoir aucun doute. Je ne connais, moi, que la loi. Ainsi je serais fondé à m'arrêter ici ; mais pour ne rien laisser à désirer sur cet objet important, je vais rechercher l'intention du législateur.

Voulait-il autoriser les poursuites en général ? Non ; s'il l'eût voulu, l'article d'exception eût été bien plus facile ; il l'eût fait d'un seul mot.

Voulait-il associer les dommages pour mises en arrestation aux autres ? Non ; s'il l'eût voulu, il lui eût suffit d'ajouter ces mots à la fin de l'énumération, ou mieux de faire un second article d'exception, parce qu'en effet ces diverses espèces de dommages n'ont point d'analogie entre elles.

Il n'a fait ni l'un ni l'autre ; malgré cette facilité, il n'en avait donc pas l'intention.

Enfin, avec un sens droit et un cœur équitable, on sent la raison de la différence que le législateur met entre l'espèce de dommages pour laquelle il admet des poursuites, et les autres espèces de dommages pour lesquelles il les défend.

Les faits occasionnant l'espèce de dommages pour laquelle il les admet, sont éternellement répréhensibles ; ils n'ont jamais été autorisés par des lois positives.

Les faits occasionnant l'espèce de dommages pour laquelle il les défend, ont été, je ne dis pas autorisés, mais commandés par des lois positives. Elles existent dans tous les recueils, les lois qui commandaient les mises en arrestation, les dénonciations, et qui ont dû causer beaucoup de dommages à des particuliers; personne ne peut mieux que Merlin connaître ces lois aux deux époques de l'action et de la réaction. Et comment pourrait-on poursuivre des citoyens pour des actes qui leur étaient commandés par des lois? C'est donc par raison et par justice que le législateur a autorisé et dû autoriser la poursuite de la première espèce de dommages; qu'il a défendu et dû défendre la poursuite des autres espèces, et qu'il a posé la limite qu'on ne peut dépasser sans enfreindre les lois.

Ainsi, non seulement le texte de la loi règle la conduite que doit tenir le Directoire, les tribunaux et les citoyens, l'intention du législateur est manifeste au 4 brumaire. mais le sentiment de l'équité naturelle indique que tel était le devoir de ce législateur, que telle a dû être la limite, qui ne pourrait encore être changée aujourd'hui par le législateur actuel, sans une notable et révoltante immoralité.

Dans cette analyse minutieuse, je crois avoir porté jusqu'au genre d'évidence qui lui est propre, la démonstration que toute poursuite pour mise en arrestation, et toute demande en dommages et intérêts à cette occasion, sont défendues par les articles III et VI de la loi du 4 brumaire.

Partout où la langue française et les lois de la République sont admises, et où le bon sens n'est pas obscurci par de viles passions, ces poursuites et ces demandes seront rejetées.

Si tel est le texte de la loi, si tel est son sens littéral propre, si tel est le sens primitivement adopté par le Directoire, si la loi est encore dans son intégrité et dans sa vigueur, parce que le Corps législatif n'y a apporté aucun changement, que doit faire Merlin, Ministre de la

Justice, dans le cas où des *sentiments* personnels ravaleraient des juges et les égareraient au point de les entrainer à une forfaiture, en recevant ces demandes et ces poursuites? Il doit exécuter la Constitution, c'est-à-dire, aux termes de l'article 262, proposer au Directoire un arrêté pour dénoncer *au tribunal de Cassation, par la voie de son commissaire, et sans préjudice du droit des parties intéressées, les actes par lesquels ces juges excéderaient leurs pouvoirs*, en admettant de telles demandes, contre la défense positive de la loi du 4 brumaire.

Et si Merlin ne le fait pas, il est dans le cas d'être poursuivi selon l'article 152 de la Constitution : *Les ministres sont respectivement responsables de l'inexécution des lois*.

Merlin fait précisément le contraire. L'esprit, qui anime les juges du Tribunal civil de la Seine, ne leur fait point rechercher de semblables affaires. Il s'en présente une : malgré ce que peut avoir d'imposant l'argument tiré de la conduite du Comité de sûreté générale, et cette sorte de notification officielle de l'intérêt que ces messieurs du feu Comité et leurs amis prennent au succès de la cause de Touchet, la treizième section l'éconduit. Merlin, voyant de mauvais œil ce bon esprit du tribunal, veut, contre le texte, contre le sens littéral propre de la loi, admettre cette demande en dommages et intérêts pour mise en arrestation. Il se met dans une position bien plus coupable que par la seule inexécution des lois.

Depuis un demi-siècle, les philosophes français de toutes les classes se sont occupés à distinguer, différencier, diviser les faits et à attribuer à chacun des signes propres, afin de prévenir la confusion dans les idées, par la précision des signes. Ceux de la classe légiste n'ont pas été en retard. La Révolution, en réalisant en France les plus sublimes conceptions de la philosophie, n'a point négligé cette branche du perfectionnement de l'entendement humain, et par conséquent de la société civile. Elle a été taillée, émondée, soignée par les hommes les plus distingués de l'Assemblée Constituante, de la Législature et de la Convention. Et voilà qu'un ministre, prétendu républicain, vient à la fin du dix-huitième siècle et de la Révolution, nous plonger dans une confusion qui n'existait pas dans les temps de barbarie. Il nous ordonne de confondre des levées de deniers avec des mises en arrestation, des dommages d'une espèce avec des dommages d'une autre, des demandes à fin de restitution avec des demandes à fin de dommages et intérêts. Ces distinctions déjà connues au quatorzième siècle, il les oublie ; il veut les faire oublier aux tribunaux ; il couvre de honte, pour le moins, ceux qui l'ont porté au ministère de la justice, et dont la protection l'y maintient. Il est moralement impossible que, dans une science qui lui est aussi familière, Merlin n'aperçoive pas de différence entre des idées aussi distinctes : ce serait confondre un picotin d'avoine avec un picotin de son, et il n'en est pas là. Merlin pèche sciemment, il pèche volontairement.

Mais Merlin, non-seulement vous commettez un crime sous le rapport judiciaire, en ordonnant aux tribunaux cette confusion et l'infraction d'une loi qui n'est ni rapportée ni changée, vous en commettez un autre sous le rapport politique, d'autant plus punissable que votre prédécesseur avait fait connaître le danger par le message de germinal. Vous faites, ou vous tentez de faire un mal affreux ; vous fertilisez avec le fumier de vos arrêtés le champ des dissensions qui n'est que trop productif dans ces temps d'orage. Si l'on donnait quelque valeur à votre opinion, cent mille Français, qui ont été mis en arrestation ou dénoncés, ou bannis, les uns par les autres, se déchireraient dans les tribunaux par des demandes en dommages et intérêts et couvriraient les murs de placards en réparation qui ne répareraient rien, qui, loin de là, exciteront de nouveaux dommages.

Non pas, nous prendrons des arrêtés qui mettront en cause seulement ceux que nous voulons tracasser. C'est-à-dire que les lois sont et seront encore en France, sous votre ministère, comme elles ont été sous les Rois, des massues pour assommer ceux qui ne pourront pas prononcer *miphéboseth*, avec l'accent du parti. Prenez donc des arrêtés contre moi, car probablement jamais je n'aurai l'accent du vôtre. Envoyez-les au Tribunal civil, troisième section.

J'ai lieu de croire que depuis le message raisonnable, moral et politique du Directoire, de germinal, il y a eu infiniment peu de demandes en dommages et intérêts pour arrestation. En effet, le Français n'est point vindicatif ; il est connu parmi les autres nations pour se livrer avec franchise à un premier mouvement lorsqu'il est blessé ; mais il est distingué entre elles par son éloignement pour la rancune et pour les passions longuement haineuses. Si Atrée se reconnaît du sang des dieux par une soif inextinguible de vengeance, je sens que je suis du sang d'une Française à mon éloignement pour cette horrible passion.

Je l'ai embrassé dans mon cachot, après cent jours du secret le plus sévère, le membre du Comité de sûreté générale qui, par faiblesse et croyant sans doute d'un grand intérêt politique de me détruire, avait assisté à mon arrestation pour la rendre plus imposante; je l'ai accueilli et consolé à Ham, autant qu'il était en moi de le faire, celui qui, par zèle mal entendu plus que par méchanceté, se laissant charger de toutes les mauvaises commissions, s'était gonflé, boursouflé, monté, pour me lire mon mandat d'arrêt; et celui qui, dans des idées aussi fausses d'intérêt politique, m'a fait traîner la nuit par un froid de dix-huit degrés au-dessous de glace, du Luxembourg à la tour de Ham, lorsque je l'ai su traduit à Vendôme, mes vœux l'ont suivi, et l'accompagnent sur les sombres et tristes gradins.

Je ne l'ai point poursuivi, le septemvir qui, dans le temps qu'il envoyait, avec six camarades, les hommes à la guillotine par charretées de vingt-cinq à soixante-huit, signait mon incarcération que devait suivre mon encharrettement. Je ne l'ai point poursuivi, celui qui répondait aux questions d'un patriote à mon sujet : *Il faut s'en défaire: il a été, il est contraire au Comité septemviral.* Je ne les ai point poursuivis, ceux des deux partis opposés qui, après le 9 thermidor, et dans le temps que l'habitude exécrable de mettre *hors la loi* était en pleine vigueur, jetèrent ma tête entre leurs deux partis, comme un moyen de raccommodement. Je ne l'ai point poursuivi, celui qui demanda mon envoi au tribunal criminel séant à Chartres, ville dont il croyait pouvoir diriger les esprits, où il me supposait de nombreux et ardents ennemis, par suite des événements révolutionnaires de 1789 et 1793; et qui, excitateur impudent, quitta les Comités pour y venir quatre jours après mon arrivée; je ne l'ai point poursuivi celui qui, alors que les journaux royalistes avaient répandu avec éloge les récits des massacres nombreux et impunis de prisonniers qu'on transférait d'un département à l'autre, se rendit à Noyon, y passa la matinée de la journée où je devais y arriver pour la dînée, fit une pose à Compiègne où je devais arriver le soir, et se rendit le lendemain, de Paris à Versailles, pour faire précéder mon arrivée, dans tous ces lieux, de propos propres à enflammer et égarer le peuple plus sage que de semblables députés; je ne l'ai point poursuivi celui qui, pour mériter la protection de quelques royalistes de la section de la Bibliothèque, appuyait leur pétition, lorsque préparant vendémiaire, ils vinrent demander ma tête à la barre; je ne l'ai point poursuivi celui qui, sortant des boudoirs et pour faire sa cour à quelques femmelettes, répétait tous les trois jours à la tribune l'urgence de mon prétendu jugement; je ne l'ai point enfin poursuivi cet autre qui, dans la journée de prairial, lorsque j'étais enfermé au fort de Ham, et dans l'impossibilité physique de prendre aucune part à ce qui se passait à Paris, proposait de me faire juger à cette occasion et sans déplacer, pour plus prompte expédition, par une Commission militaire; qui, étant envoyé à Chartres pour la malheureuse affaire de Letellier, au lieu de s'en occuper, fit, dès en arrivant, la demande à l'accusateur public du carton des charges contre moi ; qui, de retour à Paris, et voyant dans la fermeté du Tribunal d'Eure et Loir l'impossibilité de l'amener à un crime, arrêta, dans un dîner de dix de ses collègues, parmi les pots et les verres, que, puisque le tribunal ne voulait pas me faire périr, la Convention, usant de sa puissance suprême, devait ordonner ma déportation, et en fit la motion expresse et infâme. Je ne les ai point poursuivis : serais-je donc meilleur que les autres Français? Non, je suis l'ordre le plus commun sur ce point, comme sur tous les autres.

Il existe ainsi, probablement depuis quelque temps, très peu de demandes en dommages et intérêts pour des mises en arrestation. Et si la dépravation du cœur faisait naître dans l'esprit de quelqu'homme l'idée d'en former, ne serait-il pas retenu par les plus simples considérations de la prudence ? Le plus passionné sent facilement dans quel inextricable labyrinthe il se lancerait, en faisant ces demandes. Elles lui en attireraient bientôt de semblables à lui-même, surtout si l'on admettait la preuve par témoins. Il n'y a pas un homme voulant la République, il n'y a pas un homme voulant la tranquillité de son pays, il n'y a pas un homme doué, je ne dis pas de sentiments d'humanité, mais pourvu d'un peu d'esprit de conduite, qui ne fasse le sacrifice de ces sortes *de vengeances*. Il faut être aussi vicié que les protecteurs habituels de Touchet, pour faire et appuyer ces poursuites : et comment l'un d'eux peut-il être élevé au ministère de la justice ; comment la dignité de cette haute fonction ne le rappelle t-elle pas à lui-même ?

Quel contraste entre le titre et les occupations ! Qu'il fournisse, ce ministre de la justice, la liste de ces sortes de demandes jugées par le Tribunal civil de la Seine depuis six mois ; je l'en somme. J'ai assez bonne opinion de la nation française pour être persuadé qu'elle sera courte. On verra que ce n'est que pour moi, et pour moi seul, que cette intrigue est montée, et que, même dans ces temps de troubles et d'égarements, la nation française n'est pas descendue à ce point, que les monstres à vengeance y soient devenus communs.

Cédant, non pas à mon ressentiment, non pas à un peu de cette malignité dont Sterne prétend que le cœur humain a tant de peine à se débarrasser, mais au besoin de vous rappeler à la prud'homie, je suppose, Merlin, que j'adopte votre système sur les articles III et VI de la loi du 4 brumaire ; je fais en conséquence assigner Carnot, par exemple, devant un juge de paix, et je le traîne au Tribunal civil de la Seine, troisième section, où je lui demande, à l'occasion de mon arrestation, des dommages et intérêts pour base desquels il ne faudra pas que j'aie recours à l'imagination de mon défenseur, et des affiches en réparation, dont je n'ai pas besoin. Quelle marche prendrez-vous ?

Vous direz peut être qu'il était *membre de la Convention*, et de plus, *de ce Comité de salut public qui exerça tant de pouvoirs*.

Je vous demanderai ce que cela fait à ma poursuite ?

Vous me répondrez, sans doute, que *la Convention déclare les députés irresponsables*.

De quelle Constitution parlez-vous donc ? il n'en existait pas.

Le fantôme, appelé autrefois *droit public de France*, dont personne n'avait d'idées claires, et auquel ceux qui en parlaient ne croyaient pas plus que ne croient à la Trinité ceux qui la prônent, s'est évanoui au 14 juillet 1789. La nation française s'est mise en état de révolution. Elle a cherché à se donner une Constitution qui ne blessât ni les droits de l'homme, ni la raison.

La Constitution de 1791, en contradiction avec elle-même dans ses articles principaux, donnée à la nation française sans qu'elle y prît part, ou plutôt commandée, dans les moments de terreur qu'avait inspirée le massacre du Champ-de-Mars, par les traîtres reviseurs que la Cour avait achetés à deniers comptants, a été déchirée le 10 août 1792. La nation française s'est remise en état de révolution ; elle a cherché de nouveau à se donner une Constitution conforme aux droits de l'homme et à la raison.

Chez une nation en révolution, les Codes des droits civil et criminel conservent toute leur force, mais le Code des droits politiques est annulé, puisque c'est des droits politiques qu'elle est mécontente, et que la Révolution a pour but la rédaction d'un nouveau Code politique.

Dans cet état de révolution, il n'existe de droits politiques que les droits naturels de l'homme appliqués à chaque instant et pour chaque événement, ou chaque série d'événement, à l'ordre politique ; il n'existe que les principes du droit public universel. Cette proposition sort de la nature même des choses.

On ne pourrait en refuser l'application sans détruire les bases de la Révolution française, sans dresser les actes d'accusation des constituants patriotes, et même de ceux qui, sur la fin malheureuse de cette session de l'Assemblée constituante, ont trahi les intérêts de la nation et vendu le peuple au tyran, puisque c'est de leur adhésion primitive à cette proposition, et des premières actions faites en conséquence, que découle tout ce qui a suivi. On ne pourrait en refuser l'application sans présenter comme criminels et punissables, dans leurs personnes et dans leurs biens, tous les Français qui ont pris la moindre part active ou passive à cette Révolution, et n'ont pas présenté activement la résistance contre-révolutionnaire des royalistes forcenés, conspirateurs, commissionnés dans l'intérieur ou enrôlés dans les armées soit de Condé, soit de Stofflet. On ne pourrait en refuser l'application sans détruire tout ce qui a concouru à constituer le gouvernement, sans détruire, par conséquent, le gouvernement actuel lui-même.

Ces principes de droit public universel, appliqués à l'ordre politique chez un peuple en révolution, répugnent complètement à ce que des hommes chargés par leurs égaux d'établir les moyens de conservation d'un objet qui leur est plus cher que la vie, puissent opérer sans être responsables envers leurs commettants. Ils maintiennent, au contraire, tout entière cette utile et honorable responsabilité. Bien lâche et bien immoral est celui qui, dans l'alerte d'une révolution, ne vole pas au secours de la chose publique, sans penser même à se couvrir, contre des frères dans les rangs desquels il se place, de la frêle et misérable cuirasse de l'irresponsabilité. Dans ces situations extrêmes, dont sortent, au milieu des tonnerres et des éclairs, la liberté ou la tyrannie, le bonheur des nations ou leurs calamités, soyez à votre poste, quel qu'il soit, fidèles aux principes du droit public universel, et vous aurez la récompense la plus douce dans votre cœur. Si vous vous écartez, ou de votre poste, ou des principes, le blâme et les punitions doivent vous atteindre. Vous ne parviendrez jamais à faire croire qu'un homme probe, un démocrate à qui le peuple en révolution a remis une fonction quelconque, ne doive pas répondre de sa conduite pour tout et sous tous les rapports. Vous ne parviendrez jamais à faire croire qu'un homme probe, qu'un démocrate, dans cette position, puisse ne pas vouloir être responsable de sa conduite pour tout et sous tous les rapports. L'irresponsabilité absolue est entièrement contraire à la morale ; l'homme probe la refuse ; elle est contraire aux principes de droit public universel ; le démocrate en révolution et la dédaigne et la repousse. Il faudrait une loi positive pour en couvrir un lâche, et vous avouez qu'elle vous manque, puisqu'il n'y avait plus de Constitution.

Mais, insisterez-vous, *la Convention avait des droits que lui avait transmis le peuple français au moment de l'élection des Conventionnels.*

Cela est vrai. La Convention avait des droits que lui avait donnés le peuple français, conformément aux principes du droit public universel.

Et quels étaient ces droits? Celui de juger Capet ; celui de préparer une Constitution conforme aux droits de l'homme et de la raison ; celui de présider, jusqu'à l'acceptation et la mise à exécution de cette Constitution future, au mouvement de la machine politique, comme l'avait fait la législature dans l'intervalle de la destitution et de l'emprisonnement de Capet à l'installation de la Convention.

Puisqu'elle devait présider au mouvement de la machine politique, elle avait le droit que l'ancienne constitution assurait à la législature.

Non pas, n'oubliez point, que l'ancienne Constitution de 1791 fut lacérée le 10 août 1792. La législature, à partir de cette époque, n'eut que les droits fondés sur les principes du droit public universel, applicables et appliqués, dans chaque moment et à chaque événement ou série d'événements, à l'ordre public, et la Convention, assimilée à cet égard à la législature, ne peut réclamer des droits que celle-ci n'avait pas.

Je ne lui appliquerai pas ces vers connus :

Elle a trop fait de bien, pour en dire du mal,
Elle a trop fait de mal, pour en dire du bien.

J'en parlerai, je serai équitable envers elle, comme elle aurait toujours dû l'être envers les patriotes. Elle a fait un bien indicible, elle a mérité la reconnaissance de la nation et de l'humanité entière, lorsqu'elle a pris pour guide les principes du droit public universel ; elle en est devenue malheureusement l'opprobre, lorsqu'elle s'en est écartée. Voilà pour le corps collectif. Quant aux membres, chacun a une part, non pas égale, mais proportionnelle et relative à sa conduite constante. Tel défenseur invariable des principes du droit public universel, ne mérite que des éloges et point de blâme ni de punition ; tel sophiste, successivement au service des factions successivement dominantes qui blessaient ces principes, ne mérite que du blâme, des punitions et point d'éloges ; tels autres méritent les unes et les autres pour une bonne ou mauvaise conduite à différentes époques, ou sur différents objets.

Mais la Convention s'est regardée, ainsi que ses membres, comme irresponsable.

Qu'importe à la raison universelle, qu'importe aux droits du peuple toujours et envers tous imprescriptibles, que la Convention, intéressée dans sa propre cause, déclare que ses membres n'encourront point de responsabilité ? Les Capets ne se déclaraient-ils pas aussi irresponsables ? Ils avaient aussi leur chancelier Marillac ; il disait en propres termes : « *Tenez-vous tranquilles ; souffrez. Si les princes abusent de leur pouvoir, Dieu, qui est là-haut, est leur juge, il ne manquera pas d'y pourvoir.* »

Les droits du peuple ne sont-ils par sortis des décombres d'une tyrannie où ils avaient été enfouis durant dix-huit siècles ? Ils ne seront pas irretrouvables sous ceux d'une tyrannie de deux années. La Convention ne pouvait déclarer que ses membres n'étaient point responsables, et croire que, sur sa parole, on s'en remettrait aussi à cet égard au *jugement dernier :* ils restent aux yeux de la raison et du droit essentiellement responsables.

Vous voyez que vous ne pouvez vous appuyer de constitutions, qui n'existaient pas, et que vous ne pouvez, selon les principes du droit public universel, soutenir l'absurde prétention de l'irresponsabilité absolue des membres de la Convention.

Si vous le voulez cependant, j'admettrai qu'il y avait une Constitution. Elle existait en effet, celle de l'an II, lorsqu'on a signé les mandats de mon arrestation, ainsi que celui de beaucoup d'autres patriotes conventionnels et extra-conventionnels. Elle était de droit en pleine vigueur, puisqu'elle avait été acceptée par l'immense population française. Et quoique, par une perfidie dont les septemvirs surtout sont et seront éternellement responsables sous tous les rapports à la nation, cette Constitution ne fut pas mise à exécution; prenez-y, je vous l'accorde, les articles qui peuvent être favorables à votre client.

Que disent-ils? Article 43 : *Les députés ne peuvent être recherchés, accusés, ni jugés en aucun temps, pour les opinions qu'ils ont énoncées dans le sein du Corps législatif.*

C'est pour les opinions qu'ils ont énoncées dans le sein du Corps législatif que les députés sont déclarés irresponsables d'après cette loi positive, par une dérogation aux principes du droit public universel, de la morale et de l'honneur.

Cette maxime sur la liberté des opinions, cette maxime sur l'irresponsabilité des députés pour leurs opinions, adoptée par le Code constitutionnel de l'an II, est fondée en raison dans une domination monarchique; mais elle est inadmissible dans un gouvernement républicain.

La nation française, justement mécontente de l'horrible domination qui pesait sur elle depuis dix huit siècles, en a voulu la réformation. Les Etats généraux ont été convoqués. La nation a dû provoquer, exiger même que ses députés pussent librement énoncer toutes les opinions favorables à cette réformation, et les mettre, par l'irresponsabilité sur leurs opinions, à l'abri des recherches ultérieures du tyran.

C'est dans ce sens que la maxime est morale et juste; c'est dans ce sens qu'elle a été avancée et soutenue par la nation, qu'elle est devenue loi à cette époque et qu'elle a tant gêné le tyran. Mais ce n'est point de l'irresponsabilité absolue qu'il s'agissait, c'est de l'irresponsabilité envers le tyran.

Lorsque la royauté a été détruite par le vœu du peuple, il n'y avait plus lieu à placer dans une Constitution démocratique la maxime de l'irresponsabilité pour les opinions. ni sous une expression absolue, puisque dans ce sens elle est immorale et contraire à toute bonne politique, ni sous une expression relative à une royauté qui n'existait plus.

Aussi, ce n'est pas sans étonnement qu'on a vu cette maxime reproduite dans le Code constitutionnel de l'an II, et on en a pu conclure, dès lors, que ceux qui l'inséraient pouvaient avoir des projets dont le développement ultérieur exigerait de leur part l'émission d'opinions pour lesquelles ils désiraient se couvrir de cette irresponsabilité.

On ne l'a pas vu avec moins d'étonnement répétée dans la Constitution de l'an III.

Elle ne se trouve, cette maxime réduite en loi, dans la Constitution d'aucun gouvernement ancien ni moderne fondé sur la raison et l'équité.

Et comment y serait-elle? Comment voudriez-vous que les premiers fonctionnaires ne soient pas responsables d'opinions qui peuvent faire le malheur de leurs commettants? *Ce sont des opinions*, disent-ils; sans doute, mais ce sont ces opinions qui *commandent les actions;* ce sont ces opinions d'où découle le mode d'existence publique ou privée, fortunée ou malheureuse de vingt-cinq millions d'hommes; elles sont bien plus que les *actions*, elles sont les mères, les génératrices, les causes irrésistibles.

C'est dans les assemblées primaires que tout citoyen peut énoncer une opinion sans en être responsable. Il y est pour son compte. Son opinion fait partie de lui-même. Il n'encourre, en l'énonçant, que la responsabilité morale. Mais dans un Corps législatif, le député que le peuple y envoie avec la commission de maintenir sa souveraineté, de conserver ses droits les plus sacrés, ne peut énoncer des opinions qui, contraires à cette commission dont il s'est volontairement chargé, altèrent ces droits ou tendent à les altérer, sans encourir non seulement la responsabilité morale, mais toute autre responsabilité.

Le député n'est point pour son compte au Corps législatif, il y est pour celui de ses commettants, pour celui de la nation, pour celui de son souverain, devant lequel il est responsable sous tous les rapports de toutes opinions provocatrices de mesures ou d'actions médiatement ou immédiatement, directement ou indirectement contraires à la souveraineté, aux droits, au bonheur de la nation, dont il a accepté l'honorable commission. Les députés ne peuvent même, collectivement ni individuellement, réclamer une irresponsabilité absolue, les uns sans se déclarer coupables pour le passé, les autres sans faire pressentir pour l'avenir leur lâche disposition à une trahison plus ou moins prochaine, plus ou moins voilée.

Ainsi, c'est par une erreur, si ce n'est par un crime, que l'article de l'irresponsabilité absolue pour les opinions se trouve dans la Constitution de l'an II, et qu'il y est textuellement porté que *les députés ne seront point responsables pour leurs opinions énoncées dans le sein du Corps législatif.*

Mais en admettant même cette dérogation immorale et honteuse, en l'adoptant parce qu'elle est portée dans la loi positive que je vous ai accordée, elle n'est applicable qu'aux opinions, et il s'agit ici d'une action du ressort du pouvoir exécutif; recherchons ce qui concerne ces sortes d'actions.

La Convention avait été nommée sans autres formes, sans autres conditions, sans autres privilèges, sans autres fonctions, sans autres droits positifs, sans autre objet que ceux que j'ai rapportés ci-dessus. Tout ce qu'elle a exercé au-delà est usurpation. Voulez-vous que je vous trace l'origine, les moyens et les progrès de cette usurpation; voulez-vous que je vous nomme les usurpateurs en chef et ceux qui les servaient en second; voulez-vous que je vous spécifie et les lieux et les temps?

Je vous épargne ces détails qui pourraient vous embarrasser; je reviens au principe que les droits du peuple sont imprescriptibles. Son silence n'est jamais une autorisation, et lorsque, dans son ambition délirante, la Convention, entraînée par ces intrigants, saisit d'une main astucieuse et retint d'une main ferme le sceptre exécutif contre les principes du droit universel, les députés qui l'ont reçu d'elle se sont soumis à toutes les conditions sous lesquelles on exerce ce genre de pouvoir ; la Convention n'a pu dire que les membres qu'elle chargeait de l'exercice du pouvoir exécutif, sous le nom de Comité de salut public ou autre, pouvaient tout faire et ne répondre de rien : *ils sont essentiellement responsables de leurs actes de pouvoir exécutif.*

Préférez-vous la Constitution de l'an III ? je vous l'accorde : donnez à cette Constitution un effet rétroactif, je le veux bien.

Vous trouverez, article X : *Les citoyens qui ont été ou qui sont membres du Corps législatif ne peuvent être recherchés, accusés, jugés en aucun temps, pour ce qu'ils ont dit ou écrit pendant l'exercice de leurs fonctions.*

C'est donc encore dans celle-ci, à l'exercice des fonctions législatives, que se borne l'irresponsabilité individuelle des députés. Là est la limite. Cette éponge ne lavera point leurs actes dans l'exercice du pouvoir exécutif.

Voulez-vous la Constitution de 1791 ? je vous l'accorde encore. Donnons-lui de la valeur, alors même qu'elle n'existait plus par l'effet du 10 août.

L'article 7 de la section 5 du chapitre 1 du titre 3, en traitant de *la réunion des représentants en assemblée législative*, s'exprime ainsi : *Les représentants de la nation sont inviolables : ils ne pourront être recherchés, accusés ni jugés dans aucun temps, pour ce qu'ils auront dit, écrit ou fait dans l'exercice de leurs fonctions de représentants.*

Quelles étaient les fonctions du corps des représentants? *les fonctions législatives*, et rien autre. Ce n'était point les fonctions exécutives, puisque celles-ci étaient textuellement remises entre les mains d'un roi, sous la ridicule fiction d'un autre représentant héréditaire.

Je vais au-delà. Voulez-vous prendre le vœu des cahiers donnés par la nation à ses députés au commencement de 1789? J'ai extrait, dans le temps, tous ceux qui ont été imprimés. La nation les envoie pour faire des lois; aucun cahier ne les autorise à s'immiscer de l'exécution, aucun cahier n'a ainsi l'occasion de provoquer leur irresponsabilité dans un cas qui n'est pas supposé.

Si les principes du droit public universel, si les titres donnés par le peuple, si toutes les Constitutions que vous appelez à votre secours n'attribuent l'irresponsabilité qu'aux fonctions législatives; si les mêmes principes, les mêmes titres, les mêmes lois positives déclarent *responsables* tous hommes chargés du pouvoir exécutif; si la Convention elle-même vient, dans ces derniers temps, de faire l'application de ces principes et de ces lois, en donnant le grand exemple d'infliger un juste châtiment au chef criminel du pouvoir exécutif, que dix-huit siècles de préjugés paraissaient mettre à l'abri de cette punition, à quel titre voudraient-ils, les Septemvirs, n'être point responsables des actions du pouvoir exécutif qu'ils exerçaient comme les membres du Conseil exécutif, comme les membres du Directoire, comme les rois, comme les ministres, comme les généraux, comme les administrateurs, comme les juges, comme tous les fonctionnaires actifs, qui sont, qui ont été, qui seront à jamais responsables de leurs actions ?

Vous n'aurez, certes, rien de raisonnable à me répondre, vous n'aurez rien à objecter à ma demande devant le Tribunal civil de la Seine, troisième section, devant la raison éternelle, devant la raison des siècles.

Vous aurez encore moins de chicane à m'opposer lorsque je vous citerai ce grand et sublime principe gravé dans tous les cœurs honnêtes et libres, proclamé dans les déclarations des droits de 1789, 1791, 1793, et qui n'a pas été effacé de celle de 1795 : *La loi est la même pour tous, soit qu'elle protège, soit qu'elle punisse*, et nous ne sommes pas arrivés à ce point d'aristocratie, où l'on tend, dans lequel la marche juridique adoptée pour un citoyen n'est pas suivie pour un autre.

Vous n'avez pas vécu, Merlin, dans les démocraties, et moi j'ai eu cet avantage. J'y ai vécu par la pensée lorsque j'étais forcé d'habiter la France sous un roi ; j'y ai vécu de fait, lorsque les circonstances m'ont permis de m'y retirer pour fuir le spectacle qui révoltait mon cœur, de la royauté dévorant en substance vingt-cinq millions d'hommes, sans plaisirs, sans jouissances, en bâillant et pour se désennuyer. Lorsque je m'y suis retiré pour jouir des avantages inestimables pour moi de la liberté et de l'égalité, eh bien, je vous dirai, d'après mon observation et d'après mon expérience propre, qu'il n'y a pas d'Etat où la marche juridique tenue par un citoyen soit plus exactement suivie pour un autre, et que, bon gré mal gré, il faudra que le Septemvir Carnot passe par où j'aurai passé. Si ce n'est pas par mon fait, ce sera par celui d'un autre; si ce n'est pas dans une année, ce sera dans une autre. Ah! croyez-en mon augure, abandonnez votre système d'interprétation de la loi du 4 brumaire, faux en lui-même et imprudent dans ses conséquences, ne fût-ce qu'en conduisant à traiter de semblables questions.

Merlin, législateur au 4 brumaire, est de la force de Christophe de Beaumont. *Avez-vous lu mes mandements? Et vous, Monseigneur?* lui répondit Piron. Merlin semble n'avoir pas la première idée de ses lois. L'article III porte: *La Convention abolit, à compter de ce jour, tout décret d'accusation ou d'arrestation, tout mandat d'arrêt, mis ou non à accusation; toute procédure, poursuite et jugement portant sur des* FAITS *purement relatifs à la Révolution*; et l'article IV s'exprime ainsi : TOUS DÉLITS *commis pendant la Révolution et prévus par le Code pénal, seront punis de la peine qui s'y trouve prononcée contre chacun d'eux.*

Cette loi du 4 brumaire distingue donc clairement les FAITS *relatifs à la Révolution, des* DÉLITS *prévus par le Code pénal.*

Les délits sont des actes en contravention avec les deux Codes criminel et civil conservés pendant la *tourmente révolutionnaire*. Les faits relatifs à la Révolution, sont les actes politiques exercés sans égards au Code politique, annihilés par *l'insurrection révolutionnaire*, et exécutés, soit conformément aux principes du droit public universel, soit à des lois de circonstances, faites momentanément pendant la tourmente.

Toutes mises en arrestation par les Comités révolutionnaires; toutes mises en arrestation exercées par un citoyen sans être membre d'un Comité révolutionnaire, comme il s'en est opéré dans cette lutte extrême des républicains contre les royalistes, *sont des faits relatifs à la Révolution :* il suffira, pour s'en convaincre, de rappeler ce qui concerne ces arrestations, aux diverses époques de la Révolution.

Elles commencèrent avec le 14 juillet 1789 : en ce moment grand et terrible, les patriotes arrêtèrent et menèrent à la maison commune tous les hommes qui leur étaient suspects. Un Comité révolutionnaire monta une machine pour recevoir les dénonciations, atteindre ceux de ces gens suspects dénoncés qui se cachaient et pour les faire arrêter. L'Assemblée constituante étant venue à Paris par suite des journées des 5 et 6 octobre, son Comité des recherches continua d'exercer les mises en arrestation.

Le peuple renversant le trône au 10 août reprit l'exercice des mises en arrestation. Le Comité de sûreté générale de la législature le seconda et continua ensuite les arrestations.

L'exercice des arrestations par le peuple était encore une fois tombé en désuétude, et le Comité de sûreté générale de la Convention seul en ordonnait, lorsque les trahisons répétées de la faction royaliste par accommodement, et la défection ostensible de Dumouriez, général affidé de cette faction, mirent la patrie dans un nouveau danger, aussi grand au moins que celui d'août 1792. Les Autrichiens furent réintroduits sur le territoire de la République, occupèrent plusieurs de nos places fortes, s'avancèrent sur un rayon moins long et moins difficile à parcourir ; et la Vendée, adroitement préparée, s'avançait simultanément sur le rayon opposé, plaçant la Convention et Paris entre deux feux. Ces dangers firent renaître dans les esprits l'idée de recommencer les arrestations.

Alors la Convention ordonna spontanément la clôture des barrières de Paris et une visite domiciliaire, disposition qui emportait l'arrestation des gens suspects trouvés dans cette visite : la faction royaliste par accommodement, pour dissiper de son mieux les soupçons trop fondés qu'on avait contre elle, en avait appuyé elle-même la proposition, ainsi que celle de créer, dans chaque section, des Comités de surveillance, qui mettraient en arrestation les hommes suspects.

Cependant les arrestations, ainsi laissées entre les mains du peuple ou de fonctionnaires très rapprochés de lui, étaient peu nombreuses. Le caractère de la nation française a toujours été, dans des circonstances semblables, d'en imposer par d'éclatantes menaces, de faire beaucoup de bruit et peu de mal; ceci est avéré, non seulement par ce qui s'est passé dans cette Révolution, mais par les récits historiques de celles qui l'ont précédée, quoi qu'ils nous aient été transmis par des écrivains presque tous aux gages des rois, pour aggraver les torts des peuples et diminuer ceux des tyrans, et que les censeurs royaux n'eussent pas permis à des hommes véridiques de publier des mémoires qui n'auraient pas chargé le peuple ; cette vérité importante saille de toutes les histoires.

Longtemps après l'établissement de ces Comités de surveillance, il se forma tout à coup dans les Comités de gouvernement, et par une sorte de prodige inouï, une coalition d'hommes, très divers sous tous les rapports intellectuels et moraux, et très opposés sous tous les rapports sociaux et politiques. Les arrestations fixèrent leur attention.

Les Comités révolutionnaires devaient, depuis six mois, mettre en arrestation les gens *suspects*. Le vague de ce mot, avait jusqu'alors retenu les plus ardents. Ce que l'un des membres regardait comme une condition de suspicion, l'autre souvent ne le regardait pas comme tel, et l'on ajournait.

La nouvelle coalition, le *monstre septemriral*, voulut activer ces arrestations. Il pressa le Comité de sûreté générale qui pressa celui de législation de s'en occuper.

La loi de septembre 1793 fut rendue. En déterminant les conditions auxquelles on devait mettre les gens en arrestation, elle dissipa ce qu'il y avait de plus obscur et détruisit l'effet modérantin de ce vague. Elle défendit à la Commune toute communication avec les Comités révolutionnaires au sujet des arrestations, et établit leur relation exclusivement avec le Comité de sûreté générale.

Immédiatement après cette loi de septembre 1793, dont Merlin, alors terroriste, fut un rédacteur, les arrestations se multiplièrent au point que la commune put à peine suffire à fournir d'un moment à l'autre des bâtiments pour loger les détenus. Les membres des Comités révolutionnaires, échauffés par les exhortations des Comités de salut public et de sûreté générale, croyaient manquer à leur devoir, dès que, sur la moindre indication d'une condition exprimée dans la loi, ils ne mettaient point en arrestation. Chacun de ces membres craignit bientôt d'être destitué et mis lui-même en état d'arrestation, par ordre des Comités de gouvernement, s'il balançait à prononcer celle des gens contre lesquels il n'avait aucun soupçon, dès que cette moindre indication d'une condition exprimée par la loi, lui était présentée ; tel fut l'effet de la loi de Merlin.

Je dis par ordre des Comités de gouvernement, parce que, quoique le Comité de sûreté générale fût chargé spécialement de ces exécutions, il n'était véritablement que l'instrument passif du Comité de salut public, ou plutôt des Septemvirs, dans le cabinet desquels les députés du Comité de sûreté générale arrivaient chaque soir avec le portefeuille, pour rendre compte de leurs opérations, recevoir de nouveaux ordres, rarement des approbations, quelquefois des réprimandes, et toujours des excitations qu'ils rendaient ensuite aux Comités révolutionnaires.

On voit comment les membres de ces derniers furent entraînés dans l'action la plus rapide. La Commune crut apercevoir quelques excès. Elle avait occasion de conférer avec les Comités révolutionnaires pour d'autres objets. Elle se proposa d'en profiter pour les entretenir fraternellement de ce qui lui était revenu sur les arrestations, et rappeler, sans autorité, et seulement par voie d'instruction, à une mesure convenable, ceux qu'un zèle trop ardent ou trop peu éclairé semblait en écarter. Elle prit un arrêté pour convoquer le lendemain deux membres de chacun des quarante-huit Comités révolutionnaires.

A peine l'arrêté est-il mis aux voix, que les Comités de gouvernement en sont informés par les espions qu'ils entretenaient à la Maison commune. Je me rends au Comité de salut public, où je trouve les deux Comités de gouvernement réunis et délibérant déjà sur ce sujet. Je n'ai point de peine à justifier les intentions de la Commune, qui, certes, ne pouvait vouloir empêcher les arrestations, mais seulement prévenir, sous la forme d'instructions fraternelles, des abus qui lui étaient dénoncés. On résumait l'accusation et la justification, sinon dans *une vérité parfaite*, au moins avec quelque modération. Carnot, d'abord royaliste, aujourd'hui aristocrate, alors non pas démocrate, mais terroriste dans le grand genre, appuya la motion exagérée faite antérieurement, selon laquelle on devait présenter à la Convention un rapport sur l'attentat de la Commune, qui avait voulu s'immiscer dans les arrestations pour ralentir l'ardeur des Comités révolutionnaires, en obtenir un décret portant défense, etc.

Le lendemain, la Convention rend, à l'ouverture de la séance, le décret demandé ; il est expédié et envoyé sur le champ, par des ordonnances, à la Commune, et aux quarante-huit Comités révolutionnaires. Je fis part aux membres de ces Comités, qui s'étaient déjà rendus dans la salle du Conseil général de la Commune, du contenu du décret. Ils se retirèrent en concluant, de ce coup même, l'importance qu'on mettait à ce qu'ils continuassent les arrestations avec la plus grande vigueur, et présumant le traitement qui les attendait, s'ils n'incarcéraient à toute outrance, d'après la manière dont la Commune était flagellée, pour avoir seulement désiré d'entrer en explication sur des excès qu'on lui avait dénoncés.

Les arrestations redoublèrent; bientôt elles ne se bornèrent plus aux royalistes, on y comprit les patriotes qui n'étaient point de la faction septemvirale.

Le 9 thermidor est très heureusement arrivé sous le rapport de la destruction de la tyrannie des Septemvirs; il m'a sauvé la vie, et sans doute à beaucoup d'autres; mais il était incomplet, et cette circonstance a produit de grands maux. Après quelques mois de redressement et de tendance à l'équité, la lutte entre les deux partis s'établit pour l'exercice du pouvoir.

Un agent très adroit de Louis XVIII remplissait alors à Paris, avec une grande distinction, un article de ses instructions fort important, celui auquel il tenait, comme au tronc principal, toutes les autres branches de contre-révolution, celui qui a produit dans le fait une contre-révolution momentanée. Ce moyen principal devait entraîner la rentrée de beaucoup d'émigrés, celle des prêtres réfractaires, le rétablissement du fanatisme, l'accroissement de la famine, la dépréciation des assignats, la révification de la chouannerie, les traités soporifiques, l'attiédissement de l'esprit public, le dégoût du régime républicain, la persécution et les assassinats des patriotes, leur destitution des administrations, leur expulsion de la Convention, leur déplacement des commandements militaires, la retraite en deçà du Rhin, et enfin le célèbre vendémiaire.

Ce seul article des instructions royales, aussi profond que laconique, qui devait produire tant et de si grands effets, et que nous avons vu dans la correspondance découverte de l'agent, était conçu en ces mots : *Enthousiasme pour les 73 :* tout le reste n'était que du remplissage.

Les journaux royalistes les plus accrédités servaient parfaitement bien cet agent de Louis XVIII, et des membres de la Convention, cédant à je ne sais quel charme étranger à la Révolution, où le député ne doit prendre en considération que la liberté de son pays, concoururent puissamment, quoique sans intentions criminelles sans doute, à l'exécution de cet article fondamental des instructions de Louis XVIII ; *ils enthousiasmèrent pour les 73.* La Convention reçut dans son sein les restes de la faction royaliste par accommodement. Quoi qu'il y eût certainement parmi eux quelques hommes mal à propos taxés de royalisme, et qui avaient suivi les chefs de file sans connaître leur but, quoique quelques autres aient sincèrement abandonné le royalisme depuis qu'il est bon d'être républicain, c'était en général rétablir les choses dans l'état où elles étaient avant le 31 mai, et l'on a vu ce qui est résulté de ce rétablissement ; on a vu, par ce qu'ont opéré les frères *ignorantins* de la faction, ce qu'en eussent fait les frères *jésuites.*

Il existait dans la Convention une coterie de *médiocres,* bien distincte de la coterie des *modérés*, et de celle des *mitoyens,* dont l'une répugnait, par le sentiment, aux mesures extrêmes, et dont l'autre cherchait, par principes, à tenir le milieu entre les extrêmes. La coterie des médiocres donnait au contraire dans les extrêmes à la mode, cependant la médiocrité de ses talents la laissait toujours en seconde ligne ; mais cette position lui procurait la facilité de passer, sans éclat, du service d'une faction à l'autre. Cette coterie des médiocres qui avait servi originairement la faction royaliste par accommodement, qui avait ensuite servi la faction septemvirale, qui avait ensuite servi les thermidoriens, suivit, selon sa coutume, le parti qui acquérait la supériorité, et la lui assura.

Elle adopta le mot *humanité*, comme ses maîtres, et fit ses preuves, au profit des royalistes, en persécutant les patriotes, comme elle les avait faites précédemment, au profit des Septemvirs, en poursuivant ces mêmes royalistes. Elle appuya les arrestations, les refus d'élargissement des républicains, leur mise en jugement pour des niaiseries ou des erreurs inséparables du tumulte d'une grande Révolution, et il sortit de la fabrique Merlin, comme une amende honorable, un projet de loi pour juger les patriotes, avec un *minimum* de jurés. Conception aussi neuve que celle d'un *maximum de défenseurs officieux* pour les malheureux livrés à la Commission militaire du Temple, et que l'ombre de l'Hôpital n'enviera pas à Merlin. La versatilité dans les opinions est un défaut de l'entendement ; mais le passage *volontaire* du service persécuteur pour le compte d'une faction, à celui d'une autre faction contraire, est un vice de cœur. C'est la caractéristique qui entache la coterie des médiocres. C'est celle de Merlin.

A cette seconde époque des arrestations, elles ont été un peu moins nombreuses, mais elles ont été plus pénibles par la translation des individus dans différents forts et châteaux, selon l'ancien mode royal. Les Comités de gouvernement ont aussi, durant cette période, envoyé moins de gens à l'échafaud ; mais on en a assassiné davantage sans les formes juridiques, trop appréciées pour qu'on les employât ; il y en a plus que compensation, les actes publics en déposent.

Ainsi, dans la première époque, on voit la Convention, mue par le vœu des patriotes, donner au peuple une violente impulsion pour les arrestations révolutionnaires ; dans la seconde, on la voit, mue par les royalistes, donner aux victimes et aux émigrés pourvus en radiation, une violente impulsion pour les arrestations contre-révolutionnaires.

Tant que le mouvement révolutionnaire est resté dans le peuple, suffisant pour faire marcher le char de la Révolution, il en résultait cependant plus de bruit que d'effets, plus de peur que de mal, et l'action portait sur les seuls royalistes ; lorsque le gouvernement s'est emparé du mouvement révolutionnaire, sous le prétexte de le diriger, il l'a, d'une part, activé à l'extrême, et de l'autre, les gouvernants l'appliquant à leur intérêt privé et à l'intérêt de leur corps, sous prétexte de l'intérêt de la République, les patriotes les plus purs ont été maltraités comme les royalistes.

Par opposition, le mouvement contre-révolutionnaire, placé dans le gouvernement, a présenté moins d'hommes envoyés à l'échafaud, moins d'assassinats sous forme juridique ; mais ce mouvement contre-révolutionnaire remis, ou laissé par la Convention aux victimes et aux émigrés, et, par ceux-ci, à leurs sicaires, a produit plus de meurtres, plus de guet-apens, des arrestations plus vexatoires, et a été plus cruel que tout ce qui s'est fait dans la Révolution.

A juger des unes et des autres arrestations révolutionnaires et contre-révolutionnaires, par leur objet, les premières tendaient à l'établissement des principes sacrés de la souveraineté du peuple, de la liberté du citoyen et de l'égalité des droits, et les secondes tendaient à leur destruction.

Les premières sont donc hors de blâme en elles-mêmes, les secondes sont très coupables envers la République et l'humanité. Les premières étaient un moyen nécessaire pour opérer la Révolution et établir la liberté et l'égalité : *qui veut la fin, veut les moyens ;* et elles ont rendu des services éminents aux grandes époques de la Révolution, le 14 juillet, le 10 août, lors de la défection de Dumouriez. Elles ont même prévenu les plus grands maux pour plusieurs particuliers, en les empêchant de concourir à des actes de révolte qui eussent été plus sévèrement punis.

En défendant ces arrestations comme moyen de révolution, je suis bien loin d'approuver les excès qui ont été commis ; mais il est de l'équité de ne point les rapporter aux citoyens, ni aux membres des Comités révolutionnaires, instruments passifs des autorités supérieures. Le tort est tout entier à ceux qui, revêtus par leurs fonctions d'une autorité à laquelle rien ne pouvait résister, ont activé ce mouvement et ont empêché la Commune d'éclairer les acteurs sur les excès auxquels ils pouvaient être entraînés. Vainement ces chauffeurs, même ceux de la coterie des médiocres, les Merlin, les Carnot, ont-ils abandonné les hommes confiants qui n'avaient agi que par leur impulsion, par leurs ordres ; vainement les ont-ils diffamés, les ont-ils fait poursuivre, l'un, en proposant à la tribune des *minimum* de jurés ou des *maximum* de défenseurs officieux, l'autre en y déclarant que la Convention doit, avec *ses bras de géant, écraser* les unes contre les autres toutes les factions, car son idée dominante c'est d'écraser, c'est de détruire : disposition très heureuse dans un administrateur, qui appelle d'ailleurs faction tout ce qui ne sert pas son aristocratie ; on commence à s'éclairer sur tous ces faits et sur tous ces hommes. Les Russes esclaves se contentent de la formule : *le Czar l'a dit*, pour tout symbole de vérité. Le Français libre ne se contente pas de la formule : *on l'a dit à la tribune*. Il était passé en proverbe : *menteur comme un arrêt du Conseil d'état du roi;* ne faites point qu'on lui substitue : *comme une proclamation ou un arrêté du Directoire*.

Toutefois, ces arrestations exercées par des Comités révolutionnaires ou par de simples citoyens, à quelqu'époque que ce soit de la Révolution, et sous quelque forme que ce puisse être, ces arrestations, soit révolutionnaires, soit contre-révolutionnaires, sont, comme on voit, des actes politiques tendant à établir une forme de gouvernement ou à s'y opposer, et inspirés par les sentiments du droit public universel, ou commandés par des lois de circonstance dans la Révolution; ce sont essentiellements des *faits relatifs à la Révolution*, elles sont toutes comprises dans les articles III et VI de la loi du 4 brumaire. Quoique Merlin en dise dans ses arrêtés, il est textuellement *défendu aux tribunaux de recevoir à leur occasion aucune poursuite par action civile pour dommages et intérêts.*

J'ai dû employer ces feuilles pour rétablir le sens de cette loi, et en rectifier l'application; je l'ai dû, puisque, selon le Directoire de germinal, une fausse interprétation de cette loi peut causer de grands maux; je l'ai dû, puisque le Directoire de fructidor en détruit cependant les dispositions positives dans un de ses arrêtés; je l'ai dû pour l'intérêt public.

Je ne profiterai pas de ce rétablissement du vrai sens des articles III et VI de la loi du 4 brumaire. *Une mise en arrestation par le maire de Paris* ou par une autorité constituée, dans les attributions générales de laquelle se trouvait la faculté d'ordonner des arrestations, *n'est pas un fait* ESSENTIELLEMENT *relatif à la Révolution.* Elle peut avoir eu un objet de la compétence de cette autorité dans le cours ordinaire de ses fonctions.

Puisqu'une *mise en arrestation décernée par le maire de Paris n'est pas un fait* ESSENTIELLEMENT *relatif à la Révolution,* les articles III et VI de la loi du 4 brumaire ne lui sont pas *nécessairement* applicables. Cette mise en arrestation, attaquée comme *abus d'autorité*, comme *arbitraire*, peut être considérée comme étant comprise dans l'article IV de la même loi, concernant les *délits prévus par le Code pénal.*

Quoi qu'il soit de principe de prendre toujours dans l'application des lois la chance favorable aux prévenus, cependant le Ministre de la Justice n'y étant pas strictement obligé, cette mise en arrestation, par le maire de Paris, sera considérée, pour plus de sûreté, comme comprise sous l'article IV de la loi du 4 brumaire; c'est, je crois, vous servir sur les deux toits.

Ce n'est point alors au Tribunal civil que l'accusé Pache devait être envoyé. L'article IV de la loi du 4 brumaire s'y oppose : *Les délits commis pendant la Révolution, et prévus par le Code pénal, seront punis de la peine qui s'y trouve prononcée contre chacun d'eux.* Et l'article 237 de la Constitution trace la marche : *En matière de délits portant peine afflictive ou infamante, nulle personne ne peut être jugée que sur une accusation admise par les jurés.* C'est donc du Tribunal criminel que je suis justiciable.

Je trouverai assez piquant, après avoir été dix-huit mois en prison sous les deux factions, septemvirale et royaliste par accommodement, après que ces deux factions ont fait pendant cette longue durée, et bien auparavant ce temps, toutes les inquisitions possibles, et imaginé les romans les plus bizarres et les plus absurdes pour m'attribuer des crimes; après que les deux Comités de gouvernement, si puissants, maîtrisés par ces deux factions, ont dépensé des sommes énormes pour atteindre ce but coupable; après que, sous leur influence, Touchet a présenté sa dénonciation au Tribunal criminel d'Eure et-Loir, qui était à mon égard une Commission par laquelle on m'enlevait à mes juges naturels, Commission organisée sur le mode révolutionnaire, avec le *minimum* de jurés, le jury spécial, et tous les agréments, après que cette dénonciation en a été dédaignée, je trouverai piquant de me rendre une seconde fois en prison pour la même dénonciation, et d'être retraduit à un autre Tribunal criminel. Un tel exemple est peut-être utile dans une république naissante ; et quoiqu'amant de la tranquillité, j'eusse vu sans peine qu'un autre avait l'avantage de le donner, cependant je ne me refuserai point à cette suite de la persécution.

Je passe à la seconde partie de l'arrêté du Directoire.

§ II.

Le Directoire arrête, conformément à l'article 196 de l'acte constitutionnel, que le citoyen Touchet est et demeure autorisé à poursuivre le citoyen Pache, ex-maire de Paris.

L'article 196 de la Constitution est ainsi conçu : *Le Directoire peut aussi annuler immédiatement les actes des administrations départementales ou municipales. Il peut suspendre ou destituer immédiatement, lorsqu'il le croit nécessaire, les administrateurs, soit de département, soit de canton et les envoyer devant les tribunaux du département lorsqu'il y a lieu.*

En vertu de la première partie de l'article, le Directoire annule donc immédiatement un acte d'administration.

Mais, Merlin, vous qui avez lu plus de projets de lois à la tribune que tous les Charondas ensemble n'en ont pu créer ; vous qui, travaillé de la *nomo-manie*, passiez avec raison pour un des légis-facteurs les plus féconds, vous n'entendez donc pas le sens du Code constitutionnel plus que celui de la loi spéciale du 4 brumaire, ou vous affectez de ne pas l'entendre. Cet article dont vous vous appuyez, est sous le titre : *Corps administratifs et municipaux.* Il s'agit uniquement et *exclusivement*, dans ce titre, des actes des administrations départementales ou municipales proprement dites, de leurs actes *administratifs:* et l'acte que vous cassez n'est point de cette classe ; c'est une ordonnance d'arrestation, dont il est traité au titre : *Pouvoir judiciaire.*

Cet acte est, en effet, le premier terme de la série des actes judiciaires. Tout ce que la Constitution a fait en faveur du Directoire, c'est de lui accorder, article 145, *la faculté de décerner des mandats d'amener ou d'arrêt, lorsqu'il soupçonnerait conspiration, sauf à lui à renvoyer les prévenus sous deux jours devant l'officier de police;* et elle ne lui accorde nulle part la faculté d'annuler les mandats d'arrêt, ordonnances d'arrestation ou autres actes judiciaires des officiers de police.

Le mandat d'arrêt décerné, ou l'ordonnance d'arrestation rendue après un premier interrogatoire, ne peuvent être levés que par l'officier de police même, sur de nouvelles informations, ou par un juge supérieur devant lequel l'officier de police envoie le prévenu.

Vous voulez induire les autres en erreur par le mot *administration*, dont je suis encore obligé de rétablir le sens.

Une commune est la réunion des citoyens habitant un même lieu, présentant un ensemble de mêmes circonstances, cohabitation qui donne à ses habitants un système indivisible d'intérêts communs.

Lorsque dans l'Assemblée constituante, les reviseurs achetés par le roi s'occupèrent de Paris, ils observèrent combien cette grande et populeuse ville devait avoir d'influence sur le maintien ou le renversement de la Constitution qu'on leur payait si bien, et à la conservation de laquelle étaient attachées les grâces futures dont la Cour les berçait ; ils cherchèrent comment ils pourraient l'empêcher d'y nuire ; et ils estimèrent devoir faire un Code communal particulier pour Paris.

Ils n'entreprirent pas de détruire la Commune, faible reste mais témoin respectable, même dans l'échevinage, des anciennes démocraties gauloises, auxquelles César avait cru de sa prudence de ne point toucher, que les rois Goths, Bourguignons et Francs n'osèrent attaquer directement, et que leurs successeurs se bornèrent à miner par les moyens astucieux de la politique.

Les reviseurs n'imaginèrent pas d'instituer plusieurs communes dans une commune, dans un même local, dans une même enceinte, ce qui eût été une contradiction avec l'essence de la chose, même en changeant le titre de ces corps hétérogènes, en les appelant, par exemple, *municipalités*, car les changements de noms ne changent point l'essence des choses.

Ils laissèrent donc subsister la Commune dans son tout indivisible. Mais la grandeur du bien communal, et le nombre des communiers leur fournirent un motif plausible de partager, pour la facilité des opérations de détail, ce tout communal en sections, ce qui n'impliquait point contradiction avec l'essence de la chose ; et d'établir que ces sections nommeraient des représentants communaux pour traiter des affaires communales.

Ils n'osèrent point non plus dépouiller le peuple du droit sacré de nommer immédiatement tous ses fonctionnaires communaux, et encore moins exiger que les principaux de ces fonctionnaires communaux fussent confirmés par le pouvoir exécutif ; ils avaient bien moins d'audace que leurs successeurs.

Les quarante-huit sections communales élisaient donc chacune trois fonctionnaires, dont la réunion formait la commune délibérante sur les affaires communales, sur les affaires d'un intérêt commun aux habitants de Paris, formant la représentation de la commune, du tout communal, le Conseil général de la commune.

Comme ils avaient profité des circonstances de l'espace communal et du nombre des communiers pour partager le tout communal en quarante-huit sections, et établir une représentation, ils profitèrent de la multiplicité et de la variété des affaires pour en partager l'expédition. Ils firent ce partage selon la nature des affaires. Autre opération très plausible. On partagea donc les affaires en cinq classes principales.

Les quarante-huit sections communales choisirent immédiatement trente-six fonctionnaires, parmi les cent-vingt membres qu'elle avait précédemment nommés au Conseil général, pour en former un Conseil plus étroit, sous le nom de Corps municipal, et ceux-ci choisirent entre eux douze membres qui furent chargés d'administrer ces affaires réparties en cinq classes. On appela ces douze membres *administrateurs*, et la collection des administrateurs qui traitaient les affaires d'une même classe fut nommée *administration*.

Ainsi il y eut l'administration des subsistances et approvisionnements, l'administration des domaines et revenus, l'administration des travaux publics, l'administration des établissements publics, et enfin l'administration de police.

On donna à cette dernière toutes les attributions de l'ancienne police, comprises sous les deux mots *propriété* et *sûreté*, dont une partie appartient à l'ordre administratif, et l'autre à l'ordre judiciaire.

L'essence des fonctions ne change point par l'attribution qui en est faite à tel ou à tel : ce qui appartient à l'ordre admininistratif conserve ce caractère ; il en est de même pour ce qui appartient à l'ordre judiciaire.

Le Directoire peut casser, conformément à l'article 196 que vous citez, les actes de l'administration communale de police qui se rapportent à l'ordre administratif ; mais il ne peut, en vertu de cet article, casser des actes de cette administration qui se rapportent à l'ordre judiciaire. Ceux-ci, premiers termes de la série des actes judiciaires, quoique exercés par des hommes appelés *administrateurs*, dans le Code communal de Paris, ressortissent immédiatement et exclusivement à des tribunaux supérieurs.

Vous entraînez donc le Directoire à s'immiscer dans les fonctions judiciaires, contre la défense positive portée en l'article 202 de la Constitution de l'an III : *Les fonctions judiciaires ne peuvent être exercées par le pouvoir exécutif:* vous l'entraînez dans une forfaiture dangereuse pour la République.

Certes, si le Directoire joint à l'habitude fatale des Commissions militaires celle d'annuler à volonté les mandats d'arrêt ou les ordonnances d'arrestation, il dispose, par la première, de la vie d'hommes souvent purs, et, par la seconde, il soustrait à la crainte salutaire des tribunaux tous les coupe-jarrets assez criminels pour mériter sa protection, en servant ses vues ambitieuses, lorsqu'il en aura.

Quels débordements dans la société, si l'homme, arrêté par le magistrat du peuple, est enlevé aux juges naturels, sur un arrêté du Directoire, qui casse l'ordonnance d'arrestation, est rendu à ses habitudes vicieuses, à ses passions anti-sociales ; s'il peut, quoique prévenu et non jugé, recommencer ses délits, sans avoir à en redouter la répression juridique, parce que le Directoire se sera arrogé le pouvoir de casser les mandats d'arrêt ou ordonnances d'arrestation.

Quels débordements encore plus grands, en considérant l'emploi de ce pouvoir vraiment despotique, en faveur de la classe opulente, dont les passions ne seraient plus contenues par l'indispensable frein des tribunaux ? Ils se renouvelleraient, ces temps où les puissants se permettaient toutes les atrocités et les indignités les plus révoltantes contre les particuliers, assurés qu'ils étaient d'échapper, par des expédients semblables à vos arrêtés, au jugement et aux peines encourues ; ces temps dans lesquels nous avons tous vu le comte, le marquis, le duc, le fermier-général, le trésorier-général, le banquier, assassinant l'un son domestique, l'autre sa maîtresse, le troisième empoisonnant son père, le quatrième ravissant une fille timide, le cinquième faisant une banqueroute frauduleuse, et arrachés ainsi aux tribunaux, en être quittes pour quelques mois de disgrâce, d'exil ou d'emprisonnement dans un château royal.

Non seulement vous cassez l'acte, en vertu de la première partie de l'article 196 du Code constitutionnel, mais, d'après la seconde, vous me renvoyez devant le Tribunal civil du département de la Seine.

Ainsi, parce que vous vous supposez en droit de casser un acte de l'administration de police, et d'envoyer les administrateurs devant les tribunaux, vous y envoyez le maire. *Risum teneatis, amici.* C'est à peu près comme si, lorsqu'on se plaint d'une faute qui peut avoir été commise par Pierre, Paul ou Jacques, vous envoyez Paul en jugement. Votre jugement était troublé. Il faut que je remonte à l'origine des institutions.

Lorsque les constituants reviseurs parvinrent, dans le travail pour le Code communal de Paris, à l'article concernant le maire, ils observèrent que s'ils laissaient subsister ses attributions, comme celles des maires des autres communes, il pourrait acquérir une influence qui le rendrait très dangereux au roi, à la royauté et à la précieuse Constitution royale de 1791, si bien payée, et dont la conservation donnait encore l'espérance d'autres grâces; ils résolurent d'y pourvoir.

Ils n'imaginèrent pas, encore une fois, d'exiger que la nomination du maire fût confirmée par le pouvoir exécutif, mais ils le dépouillèrent le plus qu'ils purent. Toutes les affaires adressées au maire, toutes les pièces relatives à ses affaires, et tous les plus petits détails durent être renvoyés par lui aux administrations, seules habiles à les examiner, discuter, traiter pour les décider ou les rapporter au Conseil municipal, au Corps municipal ou au Conseil général. Le maire fut seulement chargé de présider, soit ces corps, soit ces administrations, d'y donner sa voix et d'y recueillir celles des autres. Voilà pour les affaires administratives en général, et pour les affaires administratives de la police en particulier.

Quant aux affaires de la police relatives à l'ordre judiciaire, aux mandats d'arrêt, aux interrogatoires, aux ordonnances portant arrestation, aux ordonnances portant élargissement, actes dans lesquels le maire pouvait intervenir selon les circonstances, il est de principe que ce sont ceux qui opèrent, maire ou administrateurs, auxquels elles sont imputées. Parce que *les administrateurs de police* ont rendu, après un interrogatoire, une ordonnance portant qu'un citoyen serait tenu en arrestation pour plus ample information, ce qui a exigé une dizaine de jours de détention à la chambre de police, après lesquels ils ont prononcé son élargissement, il n'y a donc pas lieu à autoriser le plaignant à poursuivre *le maire* devant les tribunaux. *Le maire s'y défendra.* — A merveille, et je le pense comme vous. Mais vous deviez lui épargner l'ennui de cette discussion ; les souvenirs et le spectacle des vilenies, vous savez qu'elles l'affligent. C'était votre devoir ; vous ne deviez pas renvoyer nominativement le maire, puisque vous cassiez un acte, vous deviez renvoyer les auteurs, quels qu'ils fussent, de l'acte.

Ce *quiproquo* montre que vous avez encore enfreint l'article de la Constitution, qui suit celui que vous avez si maladroitement cité et si faussement appliqué. Il est dit dans cet article 97 : *Tout arrêté portant cassation d'acte, suspension ou destitution d'administrateur, doit être motivé.* Votre arrêté portant cassation d'acte, n'est point motivé.

Pour motiver un semblable arrêté, il faut exposer, non pas simplement le contenu de la pétition du plaignant, mais la réponse de l'administrateur défendant ; et après avoir comparé l'une à l'autre, établir la défectuosité de l'acte d'administration qu'on casse. Vous ne parlez dans votre arrêté que du dire du plaignant : *Vu la pétition du citoyen P. Touchet.* Quoi qu'il mérite bien toute votre confiance, vous n'en deviez pas moins recevoir les éclaircissements d'une administration ou d'un administrateur dont vous cassiez l'acte et les relations dans votre arrêté.

Pour motiver un arrêté qui casse un acte d'administration, si l'on ne veut pas entendre ou voir la défense de l'administration, il faut au moins voir l'acte qu'on casse. Vous ne l'avez pas vu cet acte. Si vous l'eussiez vu, vous n'eussiez pas renvoyé devant les tribunaux le maire qui n'est pour rien dans l'acte.

En m'amusant quelquefois au pied d'un chêne ou d'un hêtre, au bord d'une fontaine ou d'un ruisseau, à repasser toutes les bourdes dont ces Messieurs ont amusé et amusent le public sur mon compte, je m'étonne et d'eux et de moi même. En prenant les palais des grands, ils ont donc pris leurs vices et jusqu'à leurs petitesses ! Mais si petits qu'ils soient devenus, ces nouveaux Magnat, comment se peut il que moi, chétif, je fixe encore leur attention !

Si j'ai forcé Dumouriez de laisser conquérir la Belgique par les volontaires, ce qu'ils eussent fait sans lui plus rapidement avec moins de pertes, en prenant l'armée autrichienne et ses bagages, et en poussant jusqu'au Rhin au lieu de s'arrêter sur la Roër ; si j'ai empêché Custine d'exécuter le projet pour lequel il militait de s'enfoncer dans la Franconie, ce qui eût livré les volontaires aux périls d'une retraite forcée dans un pays difficile, en présence des Autrichiens, des Prussiens et des troupes des Cercles ; si j'ai résisté à la volonté des royalistes par accommodement, appuyés en Comité de discussion générale par Carnot, alors suivant de cette faction, qui exigeait que je dégarnisse les armées du Nord et du Rhin où nous étions en pleine activité, où nous eussions eu le dessous pour porter des forces aux Pyrénées où nous n'étions pas en guerre et où les Espagnols ne pouvaient commencer d'hostilités avant dix mois ; si j'ai empêché la dissémination des volontaires dans les trois parties du monde, que commandait, dans un de ces Comités de défense générale, la faction royaliste par accommodement sans autre but que de nous affaiblir dans celle ci et de livrer la mère patrie au monarque par accommodement ; si j'ai retardé le plus qu'il a été possible l'universalisation de la guerre si perfide, à l'époque où nos moyens n'étaient pas, ne pouvaient pas être développés, que la faction provoquait pour nous faire succomber sous le nombre, ne pouvant nous faire succomber sous la valeur ; si j'ai empêché Dumouriez de mettre obstacle au jugement de Capet, l'un des objets pour lesquels la Convention avait été convoquée, comme il en avait formé le projet avec la faction, en parlant au nom de ce qu'il appelait son armée, pour conserver dans la personne de leur roi une pierre d'attente à la royauté ; si quatre cent mille hommes, partis en juin, juillet et août 1792 de leurs foyers spontanément, *ex abrupto*, et par conséquent avec ce qu'ils avaient sur le corps, dont les habillements, équipements, armements, étaient hors de service à l'entrée de l'hiver, ont été entretenus, quoiqu'en publiât Dumouriez et la faction qui le soutenait, tellement que les magasins de la Belgique n'étaient pas dégarnis, lorsqu'il les a livrés aux Autrichiens, et que j'ai retrouvé au Château de Ham des capotes françaises sur les prisonniers allemands, qui m'en ont révélé l'origine ; si j'ai contenu Dumouriez et Custine jusqu'à la fin de mon ministère, en sorte que ce n'est que six semaines après mon exclusion, lorsque tout a été désorganisé, que Dumouriez a osé se faire battre pour préparer sa défection, et Custine quitter ses positions pour abandonner Mayence ; si malgré les efforts, non seulement de la faction royaliste par accommodement, mais malgré l'appui que lui prêtaient pour ce point tous les intrigants des diverses autres factions, partis, ou coteries de la Convention, qui brûlaient de s'immiscer dans l'exécution, j'ai maintenu la séparation des deux pouvoirs tant que j'ai resté dans le Conseil exécutif, et si la confusion des pouvoirs d'où sont sortis tous nos maux, n'a été effectuée qu'après mon exclusion du Conseil exécutif ; si le huitième jour de ma mairie, j'ai empêché l'effusion du sang dans le pillage de la rue des Lombards, qu'avait préparé la faction royaliste par accommodement, pour donner occasion à Dumouriez de marcher sur Paris avec son armée, ineffusion du sang qui rendit sa lettre, dictée à l'avance, ridicule par l'authenticité de son mensonge, et vaine par la manifestation de l'intrigue ; si j'ai dissipé, sans coup férir, le rassemblement du 10 mars, à l'occasion duquel des patriotes égarés m'ont diffamé et me diffament encore tous les jours ; si lors de la trahison enfin déclarée de Dumouriez, d'où suivit comme un torrent la rentrée des Autrichiens dans la Belgique, l'occupation de plusieurs de nos places frontières, la position de leurs avant-gardes à quarante-cinq lieues de la Convention, la perte de nos conquêtes sur le Rhin, l'invasion du département du Bas-Rhin, l'accroissement simultané de la Vendée qui s'approchait aussi de la Convention, j'ai maintenu le calme dans Paris et empêché que les députés, traîtres protecteurs du général traître, ne fussent victimes de la juste indignation des républicains exaspérés de tant de trahisons; si dans le mouvement, à l'occasion du renversement de la Commission des onze, modèle des tyrannies depuis instituées pour parvenir au renversement de la royauté par la destruction des patriotes, j'ai maintenu, durant les journées du 31 mai, 1 et 2 juin, un ordre tel que Paris n'en a pas été bouleversé et démoli à n'y plus trouver pierres sur pierres, comme s'en flattaient les deux factions royalistes, qui ne célaient, pas plus l'une que l'autre, leur haine pour cette ville, un ordre tel qu'il n'y a pas eu dans ce grand acte de la justice du peuple, qui a sauvé la République à cette époque, une seule égratignure, qu'il n'y a pas eu une vitre cassée ; si dans les premiers moments, après ces mémorables journées qui ne convinrent à aucune faction, à aucun parti, à aucune coterie, parce qu'elles ne convenaient qu'à la nation, les membres des Comités, incertains, sans concordance, divisés, épars, laissant flotter les rênes, tandis que les agitateurs les plus puissants parcouraient avec les plus grands moyens les départements qu'ils tentaient d'égarer, redoublaient d'efforts dans la Vendée, organisaient la chouannerie, j'ai calmé les cœurs, éclairé les esprits, j'en ai imposé à l'un, j'ai adouci l'autre, et soutenant presque seul le mouvement des rouages dans cette divagation des moteurs, empêché la dissolution de l'Etat désirée par la plupart; si le résultat de ces grandes et mémorables journées a été la première Constitution démocratique promulguée dans ce beau pays depuis l'anéantissement des démocraties gauloises par Jules César, et si les avantages qu'on peut espérer de la Constitution de l'an III sont incontestablement dûs à la préexistance de la Constitution de l'an II; si un autre résultat de ces grandes journées, au moment de la proclamation si solennelle de cette première Constitution démocratique, a été un tel enthousiasme dans la nation entière, dans le corps de la nation, dans la *Nation*, qu'elle a provoqué et pris cette grande mesure, réparatrice de la perfidie de l'universalisation de la guerre, réparatrice de la perfidie de la défection des généraux, qui a produit six cent mille nouveaux combattants avec lesquels, depuis ce temps, la République a soutenu les efforts de tous ses ennemis coalisés, dégoûté les uns, vaincu les autres et marché à une stabilité définitive qu'aucun effort extérieur ne pourra ébranler ; si, au milieu de tous ces embarras, j'ai supporté tout le faix de cette pénurie préparée par quatre années de régime contre-révolutionnaire, soit sous le Roi, soit sous les Royalistes par accommodement, et pour l'organisation de laquelle Louis XVI et Monsieur avaient des agents encore plus instruits dans leurs parties, encore plus pratiques et aussi actifs que ceux qui ont été chargés depuis d'enthousiasmer pour les 73, de l'embauchage, de la direction des élections, de la dépréciation des assignats ; si mon administration est singulièrement remarquable, parce que dans le choc le plus terrible des factions les plus puissantes, les plus astucieuses, les plus aigries, presqu'au moment de la naissance de la République et cependant de sa probable destruction, les rives de la Seine n'ont point été ensanglantées, et si je marche avec une écharpe sans tache, entre les horribles massacres du Champ-de-Mars, les funèbres événements du 2 septembre et les malheureuses répressions des égarements du 10 thermidor et du 13 vendémiaire, qu'un maire bien intentionné eût prévenus ; enfin, si me servant ouvertement de tous les partis lorsqu'ils présentaient des vues et des tendances utiles à la marche de la Révolution et à l'établissement de la République, et les contrariant tous aussi nettement lorsqu'ils se livraient aux projets de leurs intérêts particuliers, la victoire a plané sur les armées françaises durant tout mon ministère, et l'esprit démocratique sur la grande Commune, et par influence sur la France entière, durant toute ma mairie, ce n'est point l'effet d'aucun don, d'aucun moyen extraordinaire, c'est uniquement par celui de mes attributions politiques. d'une détermination ferme de remplir, dans toute leur étendue, les devoirs qu'elles m'imposaient, et le secours ou de mes collègues ou des citoyens que j'avais engagés à se réunir autour de moi et qui ont bien voulu me seconder dans mes pénibles fonctions.

Dès que je ne suis plus fonctionnaire, réduit à mon individu, je ris de ma nullité comme de celle de tant d'autres. Je ne suis ni orateur, ni écrivain, ni riche, ni intrigant. Je n'ai eu que deux passions dans ma vie ; la première est éteinte; la seconde. l'amour de la liberté et de l'égalité, était satisfaite par mon rétablissement dans un canton démocratique; elle l'est encore plus par l'établissement de la démocratie dans cette France où je suis né, où j'ai été élevé, où j'ai eu mes premières habitudes, où mes plus douces affections morales ont pris leur origine; dans ces départements dont j'admirais les avantages physiques, en m'attendrissant sur le sort de leurs habitants qui étaient si loin d'y répondre; dans ce Paris dont je n'ai jamais parcouru les rues sans que quelques monuments ne rappellent à mon cœur les plus aimables émotions.

Nul désir secondaire ne se joint à cette unique passion. Je ne dirai pas pour la liberté et l'égalité, *sic vos non vobis*, je veux aussi en jouir; mais je le dirai pour tous les accidents politiques auxquels les hommes inexpérimentés et non saturés attachent du prix. Si j'eusse voulu des places, je pourrais peut-être aujourd'hui figurer avec Dumouriez et quelques autres sur la liste active des ministres d'un roi; si j'eusse voulu de l'argent, j'eusse pu passer, comme quelques-autres, des marchés à mes alliés ou à ceux de mon domestique; et dans une sincère appréciation de moi-même, sans être indifférent sur mon renom, je n'ai pas été tourmenté de la folie de gloire. Comment se peut-il donc qu'ils me persécutent? Qu'y a-t-il de commun entre eux et moi?

Tu as détruit les projets des uns: tu peux encore, sinon agir, au moins surveiller ceux des autres. — J'en conviens.

Mais croyant qu'après avoir payé par actions et par passions ma quote-part à la Révolution, je pouvais prendre un moment de repos; croyant, après une vie aussi laborieuse, pouvoir me livrer au tant doux *far-niente:* pensant que dès que l'on mettait enfin une Constitution à exécution, il fallait, pour laisser le Gouvernement constitutionnel s'établir, éviter qu'on ne prononçât un nom auquel étaient attachées des idées révolutionnaires; persuadé encore qu'il était très utile à la chose publique de ne pas fournir aux royalistes et aux aristocrates la moindre occasion, toujours facilement saisissable dans les commencements d'une République, de faire adopter des mesures liberticides, sous prétexte d'assurer la liberté, j'ai pris la résolution de m'abstenir de toute part active aux affaires publiques.

J'ai fait plus : par goût pour la campagne, par dispositions relatives à mes affaires domestiques, et encore pour éviter d'entretenir, par ma présence, l'irritation, quoiqu'injuste, de quelques royalistes forcenés, ou d'exciter la jalousie aussi peu fondée de quelques néophytes aristocrates, je me suis retiré de la société, je me suis éteint moi-même, je suis venu dans ce village où je vis seul. Là, sans relations politiques, ne voyant les affaires publiques que par leur résultat le plus général, satisfait à la fin de chaque période de juger au ton de mes voisins que cette République démocratique se maintient par la volonté toute puissante du plus grand nombre, ou les trahisons de quelques-uns des gouvernants ; satisfait de sentir ainsi un mois de son existence ajouté à l'autre, parce qu'il en est des Etats comme des hommes à leur naissance, je me livre à la méditation sur le sort futur de cette population nombreuse; je me complais à voir les citoyens acquérant de leurs droits et de leurs devoirs une connaissance plus claire et plus précise, par la diffusion de l'instruction, juger plus sûrement des événements dans leur relation à la félicité privée et publique, juger plus sûrement des hommes sous ces deux rapports, et les employer plus utilement comme instruments de cette double félicité; accroître tous, par un travail mieux entendu et une meilleure répartition de leurs moyens et de leur industrie, leur aisance absolue, quelles que soient d'ailleurs les différences dans leurs aisances relatives, et joindre au sentiment du mieux-être physique le sentiment du mieux-être moral et politique, qui les élève à concevoir presque de l'orgueil du nom français. Ainsi vivant tout entier avec la postérité, je ne blesse aucun contemporain. Ah! sans doute, cette idée, qu'on me persécute, est une imagination dont je suis dupe! — Et je continue ma promenade. Mais lorsqu'en rentrant, je retrouve les assignations-Touchet ou les arrêtés-Merlin, je suis forcé de reconnaître qu'il y a un peu de réalité.

Ainsi, dans d'autres temps, je plaignais Rousseau de cette persécution dont il se plaignait lui même. On me disait, dans les belles sociétés, c'est une fantaisie. Je fus à Genève, je fus dix fois au Val-Travers, j'allais promener fréquemment dans l'île du lac de Bienne, je vérifiai partout qu'elles n'étaient que trop réelles ces persécutions. Rousseau, vieux, sans moyens, ne pouvant plus écrire, n'en était pas moins poursuivi par le royalisme, l'aristocratie et le fanatisme qui se relayaient tour à tour. Ces monstres, dont une des passions est la vengeance, le déchiraient pour avoir concouru par son éloquence puissante à rappeler l'homme à la raison, à rappeler l'idée de la souveraineté du peuple ; ces monstres, dont un des tourments est l'inquiétude, redoutaient qu'un mot de sa bouche ne pût nuire encore à leur profession anthropophage. Je suis loin de me comparer à Rousseau, je suis loin de son talent profond et sublime; mais j'ai eu quelque part à l'exécution. Un architecte avait enflammé les Athéniens du désir d'un monument superbe et nécessaire. *Ce qu'il a dit, faisons-le*, s'écrièrent quelques hommes. Le peuple entier le voulait, des millions de bras ont agi, nous avons une Constitution démocratique!...

Lorsque, pour ma part, j'ai reçu l'arrêté-Merlin, je l'ai déposé précieusement sur un coin de ma table, comme pièce pour servir un jour à l'*histoire de l'égarement de l'esprit et du cœur*. Le jugement intervenu depuis m'a obligé de l'analyser. Il est évident qu'il est plein de vices. Il présente un faux matériel dans la citation de l'une des lois qui lui sert de base ; il autorise une poursuite qui est contraire au texte et au sens littéral propre d'une loi qui est dans toute son intégrité; il provoque les dissensions civiles, contre le texte de la loi, l'instruction et le devoir du législateur; il enfreint la Constitution en cassant un acte judiciaire hors de la compétence du Directoire; il l'enfreint en cassant un acte d'administration sans en motiver la cassation, sans que le Directoire ait même vu l'acte qu'il casse, sans qu'il en ait seulement une idée; il est absurde, en renvoyant nominativement un administrateur pour un autre devant les tribunaux.

La double infraction de l'acte constitutionnel, opérée sciemment et volontairement, est une autre révolte. L'ordre donné aux tribunaux d'agir contre le texte et le sens littéral propre d'une loi, en est une autre. Ces deux délits sont très graves en eux-mêmes, et réunis à l'excitation aux dissensions civiles, ils forment un ensemble très dangereux de la part d'une autorité aussi puissante que le Directoire exécutif.

Cette qualification des délits du Directoire n'est point l'exagération d'une tête exaltée par le sentiment d'une injustice particulière, par les premiers mouvements d'une sensibilité vive et d'une excessive susceptibilité; il y a plus de six mois que j'ai reçu cet arrêté, sans y donner, sur ce qui me concerne, une sérieuse attention. C'est l'application calme des principes les plus sacrés et des lois les plus importantes à l'ordre social, c'est le mot propre à la chose, tellement que dans la République bien assise, si, sur ma dénonciation en forme, le Corps législatif ne mettait pas en accusation le Directoire, il se dégraderait aux yeux de la nation, se couvrirait de honte devant les nations étrangères et la postérité, et reconnaîtrait officiellement que les lois, même constitutionnelles, en France, ne sont qu'un jeu de tréteaux, pour amuser la foule des hommes de bonne foi, pendant qu'un petit nombre de roués les volent et les assassinent.

Le Directoire devrait donc être mis en accusation sur ma dénonciation soutenue d'une copie certifiée de son arrêté. Mais comme nous achevons de nous former sous le canon des batteries ennemies, peut-être faut-il des ménagements, peut-être l'emploi de ce moyen deviendrait-il nuisible et en quelque sorte contre-révolutionnaire. Tout en dénonçant les torts du Directoire et de ses Ministres, tout en couvrant quelques-uns de ces messieurs du mépris qui leur est dû pour leur conduite passée et présente, les républicains doivent maintenir le Directoire comme Directoire, et le protéger, fût-ce à leurs dépens personnels.

Cependant il y a un autre péril très grand à lui laisser étendre, sous cette protection même, et dans la confiance de notre générosité, des trainasses nuisibles aux rejets précieux des semences de liberté, d'égalité, de sûreté, de propriétés livrées à cette terre heureuse et si bien disposée. Si on ne peut, dans une République naissante, mettre le Directoire en accusation, on ne peut non plus, dans une République naissante et bien assise, lui laisser la faculté de prendre journellement des arrêtés contraires à la Constitution et aux lois spéciales, sans surveillance, sans moyens légaux, et, surtout, sans des moyens très faciles de répression.

De l'existant, on peut conclure le possible. Il est à craindre que le Directoire ne prenne, de temps en temps, de ces arrêtés défectueux. Il y a lieu de croire qu'ils ne seront pas toujours aussi vicieux, ni par l'accumulation des fautes, ni par leur nature, ni par la volonté, et que souvent ces arrêtés contiendront seulement une erreur unique et involontaire.

Il serait imprudent toutefois de s'en remettre pour le redressement de ces arrêtés, comme on le faisait pour celui des arrêts du Conseil du roi, à ce qui se passera un jour dans la *vallée de Josaphat*. Quoique plusieurs de ces arrêtés puissent par leur objet venir échouer devant les tribunaux, il en est beaucoup qui devront échapper à l'ordre judiciaire. Et comme une partie de la nation ne croit plus à cette *vallée de Josaphat*, si commode pour les dominateurs royalistes ou aristocrates, qui la font prêcher non seulement par leurs prêtres, par leurs Marillac, ce mode religieux d'un redressement en perspective, très insuffisant dans la réalité, l'est encore dans l'opinion ; il faut un autre mode, un mode de ce monde. un mode politique et actuel de redressement.

Je dois en convenir, il n'existe dans la Constitution de l'an III aucun mode de ce genre, aucun moyen de parvenir à une annulation d'un arrêté du Directoire, quel qu'il soit. Ce corps peut à son aise enfreindre la Constitution ou les lois spéciales par ses arrêtés journaliers. Toutes les fois que le citoyen modéré ne voudra pas réclamer le moyen extrême de le mettre en accusation, ou toutes les fois que le Corps législatif ne voudra pas en user pour des actes applicables à des particuliers ou par la considération que c'est une simple erreur, les arrêtés directoriaux enfreignant les lois spéciales et la Constitution, auront leur plein et entier effet, aux risques et périls des citoyens qui en seront les objets et les victimes. Le Directoire contractera l'habitude de les enfreindre d'abord par erreur et légèreté, ensuite par intérêt de corps ou par intérêt privé, et, avec le temps, la Constitution même deviendra une brochure.

A cet égard, la Constitution de l'an III établit une analyse plus que de nom, une analyse de fait, une analyse très fâcheuse. *Elle se sent des lieux que fréquentait l'auteur.*

Le Corps législatif l'a reconnu lui-même. J'apprends que déjà plusieurs fois on l'a observé dans le Conseil des Cinq-Cents, et qu'on y a mis en question la prétention de quelques membres, que le Corps législatif peut casser un arrêté du Directoire. Etablir ce point sous la forme de question, n'est-ce pas la décider? Le mettrait-on en question, s'il y avait dans la Constitution quelque article qui donne ce droit au Corps législatif? Il n'y en a véritablement aucun. Et comme cette attribution est du nombre de celles qui doivent être positivement prononcées par la Constitution, le Corps législatif n'a point ce pouvoir.

Cependant il pourrait arriver que ceux qui mettent le point en question, veuillent, au défaut d'un texte positif, soutenir leur prétention par induction ; avancer, par exemple, *que qui peut le plus, peut le moins.* Cette maxime n'est pas applicable à l'objet. De ce que le Corps législatif peut mettre le Directoire en accusation, il ne s'ensuit pas qu'il puisse casser ses arrêtés ; car l'acte par lequel il casserait des arrêtés, serait définitif, tandis que l'acte par lequel il met en accusation, n'est que préparatoire, et le Corps législatif exercerait un pouvoir plus influent, quoique moins éclatant, en cassant les arrêtés journaliers du Pouvoir exécutif qu'en le mettant une fois en état d'accusation. On pourrait opposer, par une autre induction, l'article 264 de la Constitution, selon lequel le *Corps législatif ne peut annuler les jugements du Tribunal de cassation, quoiqu'il puisse faire poursuivre personnellement les juges qui auraient encouru la forfaiture*.

Au reste, il n'est pas possible d'admettre l'induction, quelle qu'en soit la base ; si ce mode était reçu pour cet objet, il ne serait pas récusable pour beaucoup d'autres. Le Corps législatif et le Directoire exécutif sont destinés dans leur durée à éprouver quelques-unes de ces variations d'énergie, dépendantes des éléments qui les composent. Le Corps législatif l'emporterait-il en génies entreprenants ? toutes les inductions favorables à l'accroissement de sa puissance se succéderaient avec rapidité. La chance de composition des deux corps tournerait-elle ? toutes les inductions favorables au rétablissement et à l'accroissement d'une puissance non moins exagérée du Directoire, seraient réclamées et se succéderaient avec la même vélocité. Durant *ce régime par induction*, la France, dans des alternatives continuelles, comme une balance folle, serait livrée à de nouvelles calamités. Il faut éviter de nous plonger dans cette situation, en nous tenant au matériel des signes.

Hélas ! les relations sociales n'ont pas rop de solidité ! ne les affaiblissons pas en admettant le système des inductions pour des objets aussi graves ; il faut se cramponner au texte de la Constitution de l'an III, enfin mise à exécution.

La vérité étant qu'elle n'a conféré ni au Corps législatif, ni à aucun autre corps, ni à aucun établissement, la faculté d'annuler les arrêtés du Directoire, il y a une lacune, une omission fâcheuse.

Comment cette omission peut-elle être réparée ?

La Constitution divise tous les objets de la législation française en deux classes : l'une, des objets constitutionnels ; l'autre, des objets extra-constitutionnels.

Ces derniers seuls sont du ressort de la législature, les premiers lui sont étrangers.

Les attributions des autorités constituées, et notamment des deux premiers pouvoirs, sont des objets constitutionnels ; elles sont textuellement déterminées dans la Constitution.

S'il existe un vice, par excès ou par défaut, dans ces attributions, il ne peut être réparé que par le peuple en assemblées primaires, sur le rapport d'une assemblée de revision.

Ainsi le veulent la raison, le droit public universel et la Constitution.

En effet, le jour où l'on attribuera au Corps législatif le pouvoir de casser les arrêtés du Directoire, l'existence de la législature sera très différente de ce qu'elle est aujourd'hui. Le jour où les arrêtés du Directoire seront cassables par la législature, l'existence du Directoire sera très différente de ce qu'elle est aujourd'hui. L'existence de ces deux corps serait encore très différente, selon que l'on adopterait tel autre mode qui remplirait l'objet d'annuler les arrêtés défectueux du Directoire, sans en attribuer le pouvoir à la législature ; soit qu'on veuille laisser ce corps tout entier à ses devoirs législatifs, ce qui serait très raisonnable ; soit que l'on ne veuille point renforcer l'une des deux premières autorités aux dépens de l'autre, et rompre l'équilibre et l'indépendance qu'il serait si nécessaire d'établir et de conserver, ce qui serait encore très sage. Ainsi l'adoption d'un parti quel qu'il soit, apporterait un grand changement dans la Constitution française, dans la République ; ces réflexions n'exigent point de développement.

La Constitution défend positivement à la législature d'apporter de tels changements ; l'article 375 porte : *Aucun des pouvoirs institués par la Constitution n'a le droit de la changer dans son ensemble ni dans aucune de ses parties.*

Ce vice, considéré sous tous ces rapports, ne peut donc être réparé que par le vœu du peuple souverain en assemblées primaires, sur la présentation qui lui sera faite d'un mode convenable, par une assemblée de revision. Il faut, le plus tôt qu'il sera possible, que les patriotes du Conseil des anciens proposent la convocation d'une assemblée de revision pour cet objet constitutionnel, afin que cette proposition, étant adoptée par trois législatures, à la distance de trois années, nous sortions enfin de ce cas anarchique.

Il faut ensuite que, d'ici à ce temps, les patriotes du Corps législatif, du Directoire exécutif, des administrations départementales, des tribunaux, les citoyens se prêtent mutuellement à prévenir les mauvais effets de cette fraction d'anarchie, en conduisant les affaires avec la circonspection et les ménagements qu'exige un char aux roues duquel il manque des rayons.

S'il existait au moins un jury constitutionnaire, on pourrait y dénoncer les infractions que le Directoire exécutif fait à la Constitution; mais cette idée a été rejetée par les rédacteurs ou les présentateurs du Code constitutionnel de l'an III, qu'il faut conserver malgré ses imperfections, parce que le Gouvernement est enfin organisé conformément à ce mode, et parce qu'il est perfectible, si l'on est de bonne foi, au moyen des assemblées de revision.

Ainsi, dans la partie de l'affaire qui m'est suscitée, je serais conduit à demander l'accusation du Directoire pour avoir violé sciemment et volontairement, à mon *dam*, la Constitution et les lois spéciales; déterminé par des considérations politiques de bien général, à ne point user de mes droits, je suspends ce genre d'action. Désirant y suppléer par une annulation de l'arrêté du Directoire, je m'aperçois qu'il manque dans la Constitution de l'an III un mode légal et facile de parvenir à cette annulation.

Reconnaissant ensuite que ce qu'on a mis à ce sujet en question dans le Conseil des Cinq-Cents, n'en peut former une, et qu'il serait également possible et dangereux que la législature fût entraînée à disposer d'un pouvoir qu'il appartient au peuple seul de conférer, je recherche, à cette occasion, s'il existe dans la Constitution quelque mode légal de réparer une usurpation possible du Corps législatif sur les droits du peuple. J'aperçois une nouvelle omission dans cet acte constitutionnel de l'an III.

Cette Constitution établit incontestablement en France une démocratie de droit.

Les hommes habitant un pays, y vivent en état de société, de rassemblement ou d'isolation.

Ils sont en société, lorsqu'un intérêt commun les a déterminés à se soumettre, par un acte d'association, à la volonté générale.

Ils sont en état d'isolation, lorsque, sans convention ni contrainte, ils suivent, quand ils se rencontrent, les impulsions naturelles de leurs passions momentanées.

En société, la souveraineté, qui est la faculté d'ordonner, est dans le peuple. La volonté générale ordonne; c'est la Démo-cratie ou la *souveraineté du peuple*.

En rassemblement, cette souveraineté a été soustraite au peuple, au profit de plusieurs individus ou d'un seul. La volonté de plusieurs individus ordonne, ou la volonté d'un seul ordonne. Dans le premier cas, c'est l'Aristo-cratie ou la *domination-des-grands* ; dans le second, c'est la Mon-archie ou la *domination-d'un-seul*.

En état d'isolation, les individus ne sont soumis à aucune volonté supérieure ; ils sont *sans-souveraineté*, *sans-domination*, c'est l'An-archie.

Dans la démocratie, lorsque le peuple exerce habituellement lui-même la souveraineté et ordonne sur les objets spéciaux et de détails, comme sur les objets fondamentaux et généraux, c'est une *démocratie primaire*. Elle ne peut s'établir et subsister avec avantage que dans les pays d'une très petite étendue, d'une population très peu nombreuse, de mœurs très simples, etc.

Lorsque le peuple s'est borné à ordonner définitivement sur les objets fondamentaux dans un acte constitutionnel, et qu'il choisit périodiquement les citoyens en qui il a confiance, pour les charger de la fonction temporaire des objets spéciaux et de détails, c'est une *démocratie secondaire*.

Les espèces de démocraties secondaires varient selon le nombre et la nature des objets déterminés par l'acte constitutionnel, selon le retour périodique et les circonstances des élections immédiates ou médiates de ces hommes de confiance, etc., variétés qui se règlent sur l'étendue du pays, la population, le naturel des habitants, l'état de l'instruction, etc.

On voit que, lorsque nous n'ordonnons pas tout nous-mêmes, c'est : 1° dans la faculté d'ordonner sur les objets fondamentaux et généraux, par un acte constitutionnel inviolable ; 2° dans la faculté de nommer périodiquement ceux qui ordonneront temporairement sur les objets spéciaux et de détails, que consiste la souveraineté du peuple, la Démo-cratie.

C'est à ces notions simples que se réduisent les conceptions les plus compliquées du droit public universel, base nécessaire des droits publics spéciaux des diverses nations.

Or, la Constitution de l'an III proclame la souveraineté du peuple, et présente les deux éléments indispensables de tout Gouvernement : 1° l'inviolabilité de la Constitution agréée par le peuple, à laquelle il ne peut être fait aucun changement que par le peuple ; 2° la libre élection périodique, médiate ou immédiate de ses magistrats inhéréditaires et temporaires. Elle établit donc une démocratie de droit.

Mais cette première base du Gouvernement constitutionnel de l'an III, l'inviolabilité de la Constitution par le Corps législatif, n'est que sur le papier. Il n'existe, dans l'acte constitutionnel, aucun moyen légal de prévenir ou d'arrêter les usurpations sur les droits du peuple que se permettrait un Corps législatif ambitieux, en faisant des lois sur des objets constitutionnels, en violant ainsi cette Constitution. On a même écarté avec soin, défendu positivement les moyens les plus ordinaires, les plus simples, les plus naturels, les moins sujets à inconvénients, de parvenir à cette fin. Les précautions ont été prises à un tel point qu'il ne reste au peuple que l'insurrection pour redresser les atteintes que le Corps législatif porterait à la Constitution de l'an III, et comme on ne peut pas plus l'insurger tous les jours que mettre le Directoire en accusation tous les jours, la violation de l'acte constitutionnel par le Corps législatif, exercée avec quelque ménagement et par parcelles à peine perceptibles pour des yeux encore inexercés, est non seulement praticable, mais facile. Cette omission d'une garantie légale au profit du peuple contre le Corps législatif, pour l'inviolation de la Constitution de l'an III, est un autre vice anarchique. Si les deux fractions d'anarchie n'équivalent pas, elles sont au moins bien près d'équivaloir un entier.

Cette nouvelle omission est d'autant plus dangereuse, que les prérogatives du Corps législatif sont plus grandes, et que l'immensité de ces prérogatives est un attrait plus vif, et en même temps un moyen plus puissant pour les accroître. Autant il est fatigant pour les âmes élevées, autant il est agréable pour les âmes communes, d'exercer ce qu'on appelle autorité ; c'est ce qui a gâté, j'en suis sûr, la plupart des hommes qui, entrés avec de bonnes dispositions dans la carrière révolutionnaire, se sont écartés de leurs devoirs, à mesure qu'ils ont bu dans la coupe, enchanteresse pour eux, du dangereux pouvoir. Rousseau n'a pu trop recommander d'être en garde contre cette tendance funeste des fonctionnaires et encore plus des corps, à étendre leur autorité. C'est aussi une des premières observations et un des premiers préceptes consignés dans les rudiments politiques. Il faut donc supposer que, dans sa durée indéfinie, le Corps législatif français peut se laisser entraîner par des vues ambitieuses, tendre vers l'aristocratie, comme l'ont fait, avec plus ou moins de succès, toutes les magistratures démocratiques anciennes ou modernes, et profiter de l'immensité de ses prérogatives pour y arriver. Un sommaire de ces prérogatives peut donner une idée de la facilité qu'il aura, avec le secours de cette seconde omission, à décliner les dispositions de l'acte constitutionnel qui y sont contraires.

La législature française remplit, au nom du peuple, les fonctions de corps électoral, pour nommer aux places du Directoire exécutif ; elle ne peut y porter à volonté que des hommes dévoués à des principes d'anti-démocratie communs avec elle, ou même des hommes nuls, ce qui remplirait également son objet aristocratique ; et. dans tous les cas, elle les retient dans sa dépendance, parce qu'elle peut les accuser ou les absoudre, selon qu'ils restent soumis ou non à ses vues. Elle ne prépare pas les lois spéciales pour les présenter au peuple, elle les lui impose, sans vérification, sans examen, sans aucune formalité ; la division du Corps législatif en deux Chambres, dont l'une propose, et l'autre adopte ou rejette, ne détruisant pas l'unité de corps de la législature, ni l'identité d'intérêt de corps qui en résulte. Elle ne propose pas au peuple de payer des contributions, elle les lui commande, et elle en applique à son gré le produit, qui peut ainsi servir au maintien ou à l'oppression de la liberté publique. Elle ne lui demande pas des levées d'hommes, elle les lui prescrit, et retire ainsi de la masse les citoyens les plus fiers, pour les assouplir par le régime militaire, pour les former à l'obéissance passive, et les y contenir dans des brigades dont une partie peut encore être employée pour ou contre la liberté publique. Elle ratifie les traités négociés sous son influence par le Directoire, et peut laisser subsister, dans des articles secrets, des clauses portant, de la part des puissances étrangères, garantie de la forme du Gouvernement, en sorte qu'en l'altérant à son gré et au gré de ces puissances, celles-ci interviendront pour le maintenir avec ces altérations, et que le peuple français aurait payé et paierait des subsides à des rois étrangers pour le contenir dans l'esclavage. Elle remplit, par rapport à ses membres, le premier degré de la hiérarchie judiciaire; elle peut toujours absoudre les députés qui serviraient ses vues anti démocratiques, elle peut toujours entraîner dans le dédale d'une accusation et d'une longue procédure à une haute-cour nationale ceux qui, préférant l'intérêt général de la nation à l'intérêt particulier de leur corps, porteraient obstacle à ses vues. Nul autre qu'elle ne peut provoquer la revision d'aucun article de la Constitution qui lui est si favorable; elle a exclusivement la faculté de convoquer les Assemblées revisantes; il y a plus, ces Assemblées ne peuvent délibérer et présenter des projets de réformation au peuple que sur les articles dont elle lui ordonne de s'occuper; et elle peut ne jamais leur prescrire la revision d'aucun des articles que l'expérience démontrerait être favorables à ses intérêts de corps, quelqu'opposés qu'ils soient reconnus à l'intérêt général de la nation.

Avec de tels moyens, sous le charme de tels attraits, n'est il pas possible, n'est-il pas même probable, qu'à une époque quelconque des hommes soient séduits; qu'ils préparent les voies par une suite de lois spéciales convenables à leur but, et par la nomination au Directoire de membres dévoués ou nuls pendant cinq ou six années; et qu'en altérant avec ménagement, sans aucun obstacle légal, quelques articles de la Constitution, après avoir changé la démocratie constitutionnelle de droit en aristocratie de fait, ils n'établissent définitivement en France l'aristocratie héréditaire, proclamée par Rousseau, d'après l'expérience constante du genre humain, la pire de toutes les dominations.

On me dispensera sans doute d'indiquer les lois

spéciales à faire, les articles du Code constitutionnel à altérer, et les modes obscurs et successifs de l'altération; on me dispensera d'établir combien facilement les membres du Directoire, dévoués ou nuls, appelés au partage des dépouilles du peuple souverain, seront souples, liants et concordants ; mais je dirai combien de familles en France seraient co-partageantes de l'aristocratie. Douze cents au plus, de calcul fait, auraient cet avantage, en évitant même de toucher aux chapitres de la Constitution de l'an III sur la formation et le renouvellement du Corps législatif et du Directoire, pour lesquels on affecterait un grand respect.

Cette belle contrée, la vaste et fertile Gaule, des Bouches-du-Rhône à celles du Rhin, des sommets des Alpes à ceux des Pyrénées, les vingt-huit millions d'habitants qui la couvrent de leur industrie et de leur vertu native, deviendraient l'héritage de douze cents familles !

Il y aurait dans chaque département dix à douze maisons régnantes, dont les membres les plus déliés et les plus intrigants rouleraient entre eux pour aller faire à Paris le service de la législature, du Directoire, des Ministères, de la Trésorerie-nationale, de la Comptabilité, du Tribunal de cassation, tandis que les autres resteraient dans leurs foyers pour s'y partager les fonctions administratives, judiciaires et financières, celles de commandants des gardes nationales, de la gendarmerie, des troupes de ligne, pour y tenir la correspondance avec les *hommes de leur nom* fonctionnant à Paris, et les familles dominantes des départements voisins, et maintenir les habitants dans la soumission et le silence de l'esclavage.

Au lieu de cette aimable fraternité, dont le spectacle si doux dans les démocraties a ému toutes les âmes tendres et sensibles, a satisfait toutes les âmes raisonnables et fortes, et dont l'établissement en France est devenu l'objet des vœux les plus chers des uns et des autres, au lieu de ce charme touchant de l'humanité compatissante aux maux, co-jouissante de la félicité de ses frères, par un sentiment profond de l'égalité pratique des droits et de l'identité des rapports politiques qui lient tous les sociétaires entre eux ; au lieu de ces condescendances mutuelles, de ces égards réciproques, qui, en laissant aux richesses ou aux talents tous leurs avantages matériels et d'éclat, en tempèrent cependant l'effet moral, affaiblissent la superbe des uns, atténuent la jalousie des autres, font que l'homme est encore un homme pour son frère, qu'il n'est point pour l'un une brute, pour l'autre une divinité ; au lieu de cette aménité qui naît dans le commerce habituel de la vie privée, de toutes ces relations sociales communes à tous, ce ne sera plus que tons méprisants et insolents de la part des uns, aigreur ou abjection de la part des autres.

Dans la vie publique, les douze cents familles dominantes exerceront un despotisme plus odieux et plus révoltant que ne fut celui de la noblesse monarchique et des intendants. Les tyrannies d'un noble de la cour étaient contenues par l'envie des nobles de provinces ; les vexations de la noblesse d'épée, par la jalousie de la noblesse de robe ; les usurpations des intendants, par la haine des parlements, par l'antipathie des commandants, et réciproquement. Lorsqu'il y aura unité de corps unité d'intérêt, unité d'esprit; lorsque les passions d'une section de la caste devenue privilégiée ne serviront plus même à contrebalancer les passions d'une autre section, on doit s'attendre au débordement d'orgueil et de cupidité inhérent aux aristocraties. Alors, tout ce qui n'aura pas *l'honneur d'appartenir aux douze maisons régentes* par département, ou qui n'achètera pas leur patronat, par la plus basse servitude personnelle et les plus grands sacrifices réels, peut s'attendre à d'infamantes vexations.

On conviendra que ces tristes destinées, ou du moins les tentatives qui y conduisent, sont du plus haut degré de probabilité, si le Corps législatif peut apporter le moindre changement dans la Constitution de l'an III. Il le peut, non pas de droit, mais de fait, si l'inviolabilité promise de la Constitution n'a point de garantie légale spécifiée dans la Constitution même. Il n'est malheureusement que trop vrai qu'elle n'en a point; elle n'en a aucune.

Ce n'était pas sans desseins, on peut le juger d'après cela, que, durant la fabrication et la présentation de cette Constitution, les soixante-treize amnistiés et leurs adhérents de la coterie des médiocres, la nouvelle coalition des ex-royalistes et des ex-démocrates tendants à l'aristocratie, les députés saisis des pouvoirs, ou royalistes anciens ou nouveaux aristocrates, ont fait agir tant de ressorts, répandu tant de bruits, occasionné tant de mouvements, prétexté tant de conjurations, exercé tant et de si atroces tyrannies, pour exterminer ou retenir dans la nuit des cachots le plus grand nombre possible de ces hommes dont ils redoutaient les lumières et l'énergie, et qu'ils ont aussi affaibli les efforts de ceux qui restaient à la Convention ou dans la société.

Il n'est pas étonnant encore aujourd'hui, que, lorsque quelques-uns de ces républicains, à qui l'instinct d'une nature forte ou des méditations profondes font entrevoir une réformation plus élevée, ne s'enthousiasment pas pour cette Constitution, ses irascibles créateurs, au lieu des égards et peut-être du respect que mérite de leur part cette supériorité de tact ou de raison, leur témoignent une féroce humeur, répètent jusqu'à satiété les menaces de la mort qu'ils leur préparent. Ils oublient que si le sort de tous ceux qui devancent leur siècle, est la persécution, celui des persécuteurs est l'horreur et le mépris de leurs contemporains et de la postérité.

Est-ce crime? est-ce erreur? Je l'ignore; mais ce que je sais, c'est, qu'erreur ou crime, ceux qui ont ainsi livré une nation débonnaire et confiante à l'ambition moralement nécessaire de ses premiers corps constitués, en écartant soigneusement tout mode effectif de garantie légale, sont et seront à jamais responsables, sous tous les rapports, devant les nations et l'humanité; et je le prononce hardiment, sans crainte d'être contredit par aucun homme probe, ni par aucun publiciste de bonne foi.

Ah! si c'est erreur, qu'ils la reconnaissent; si c'est crime, qu'ils s'en repentent; que les uns et les autres s'empressent de réparer cette fatale omission : il y va de leur intérêt. Le peuple français, après avoir abattu le trône, après s'être élevé au niveau des nations les plus célèbres de l'antiquité et des temps modernes, par ses hauts faits et sa constance pour défendre les principes de la liberté et l'égalité contre toutes les puissances coalisées, ne deviendra pas impunément le patrimoine ou la pâture de douze cents familles aristocrates. C'est un piège que les royalistes leur ont tendu, persuadés que l'aristocratie ne pourrait se soutenir, et que, dans les dégoûts et les débats ultérieurs, elle deviendrait le marche-pied du trône. C'est un stratagème, dont les auteurs et les dupes seront, s'il n'est éventé, également victimes, et qui sera funeste à tous deux. Les vingt-huit millions d'êtres qui, par le sentiment d'un intérêt positif veulent la liberté et l'égalité, ne céderont pas aux quatre cent mille aristocrates, plus qu'ils n'ont cédé aux cent mille royalistes. Que fait cette petite différence dans le nombre, lorsqu'il n'y en a point dans l'intérêt qui les anime. Ni le peuple, ni les armées qui en font, qui en feront à jamais partie, ne subiront la domination aristocratique après avoir détruit la monarchique. Les faits éclaireront et le peuple et les armées sur l'horreur de cette domination, comme ils les ont éclairés sur la monarchique ; et au point où nous en sommes venus, la clarté et ses effets viendront plus rapidement : j'en jure par les dispositions naturelles et indescriptibles de cette Gaule, pour la liberté et l'égalité ; dispositions naturelles, tellement fortes que, depuis dix-huit siècles, malgré toutes les chaînes politiques et religieuses dont on les surchargeait dès leur naissance, il ne s'est jamais écoulé trente années qu'il n'y en ait eu, sous vingt formes diverses, dans quelques parties de ce beau pays, des insurrections de plus en plus favorables aux droits de l'homme ; progression insurrectionnelle toujours croissante en lumière et en succès, digne de toute l'admiration du philosophe politique, qui reconnaîtra que le dernier terme ne peut être que la fixation de la liberté et de l'égalité dans notre patrie.

Cependant, et pour prévenir les crimes de la tentative aristocratique, possibles, probables, moralement nécessaires, d'après l'omission que je relève, et pour prévenir les maux de l'insurrection, si elle devenait elle-même nécessaire pour cette tentative, puisqu'il n'y aurait point d'autre moyen de la réprimer, puisqu'il n'y a pas de mode effectif de garantie légale du gouvernement constitutionnel de l'an III, je provoque l'attention des députés patriotes du Conseil des anciens, sur ce dénuement absolu d'une sauvegarde pour l'inviolabilité de la Constitution contre les entreprises du Corps législatif, en les conjurant de faire comprendre la réparation de cette seconde omission dans les articles à traiter par l'Assemblée de révision qu'ils doivent demander dès cette année avec instance et persévérance.

Après avoir rempli ce devoir pour la cité et pour moi, sur cette partie de mon affaire qui a rapport à l'ordre public, non sans espérance qu'il préviendra de grands maux, je répète à Merlin, sur l'autre partie intime de cette affaire, qu'il est de son devoir, pour plus de sûreté, de proposer au Directoire le nouvel arrêté suivant :

MINISTÈRE DE LA JUSTICE

LIBERTÉ — ÉGALITÉ — JUSTICE

EXTRAIT du Registre des Délibérations du Directoire exécutif.

A Paris, le .....

« Le Directoire exécutif, après avoir entendu le Ministre de la « Justice, vu la pétition du citoyen P. Touchet, batelier sur la « rivière de Loire, et autres pièces y jointes, par lesquelles il « expose, dans l'une, que le citoyen Pache, lors maire de Paris, a « exercé contre lui l'acte le plus arbitraire en le faisant empri- « sonner pendant onze mois ; dans un autre que, venant à Paris « pour l'approvisionnement de cette commune, il a été, par l'acte « le plus arbitraire, incarcéré de l'ordre du citoyen Pache, lors « maire de Paris, et qu'il a gémi dans les fers pendant plus de « deux ans, tant dans les prisons que dans les communes qu'il a « eues pour prison, et dans une troisième, que son incarcération « et son état de détention, de l'ordre du citoyen Pache, maire de « Paris, pendant trois ans, lui ont fait perdre six bateaux mar- « chands au port d'Orléans, pour lesquels il demande des dom- « mages et intérêts, ainsi que pour les bénéfices qu'il comptait « faire pendant la libre circulation des assignats et des mandats, « et des affiches en réparation, au nombre de deux mille exem- « plaires :

« Considérant que les articles III et VI de la loi du 4 brumaire « an III, défendent les poursuites pour mises en arrestation et « pour demandes à fin de dommages et intérêts à leur occasion : « mais que l'article IV de la même loi porte que tous délits « commis pendant le cours de la Révolution et prévus par le « Code pénal, seront punis de la peine qui s'y trouve portée

« contre chacun d'eux, et que cet article peut être appliqué à
« l'acte arbitraire par lequel le maire de Paris aurait fait empri-
« sonner le plaignant;

« Arrête, conformément à l'article 243 de l'acte constitu-
« tionnel, portant : *Le directeur du jury poursuit immédia-*
« *tement, d'après les ordres du Directoire exécutif, les atten-*
« *tats contre la liberté ou la sûreté individuelle des citoyens,*
« que le directeur du jury du département de la Seine poursuivra
« le citoyen Pache, ex-maire de Paris, par toutes les voies de
« droit; charge le Ministre de la Justice de l'exécution du
« présent arrêté, qui sera imprimé au bulletin, etc. »

Je ne me suis pas cru déshonoré pour être destiné au tribunal révolutionnaire par le Septemvirat, à une commission criminelle et révolutionnaire par les royalistes ; je ne croirai pas l'être pour aller au tribunal criminel de l'aristocratie. Un démocrate, celui qui a voulu, qui voudra toute sa vie un gouvernement au lieu d'une domination, doit s'attendre à ces chances de la part de ceux qui veulent une domination au lieu d'un gouvernement.

En attendant le mandat d'amener, je quitte ces misérables tracasseries, et je me porte à cette hauteur plus analogue à la nature de mon âme, d'où je vois, dans quinze ou vingt années, l'état florissant de la France, de la Hollande et de l'Italie, venger de la seule manière qui puisse convenir à leurs cœurs, les révolutionnaires français, voulant fortement, mais selon la raison et le droit, déterminés dans leur but, mais humains dans leurs procédés, sévères mais justes, les vrais révolutionnaires, par principes et par sentiment, de toutes ces persécutions, de toutes ces injures qu'on leur prodigue. Les tyranneaux orgueilleux, vils esclaves de la maison d'Autriche, voulant conserver la domination monarchique, ou au moins une aristocratie, n'ont-ils pas insulté les Tell, les Verner ? et les hommages de la postérité s'accumulent sur les noms de ces démocrates généreux.

PACHE.

A Thim-le-Moustier, le 13 floréal, an V de la République française.

J.-N. PACHE

SUR LES FACTIONS ET LES PARTIS, LES CONSPIRATIONS

ET LES CONJURATIONS

ET SUR CELLES A L'ORDRE DU JOUR

DE L'IMPRIMERIE DE R. VATAR

PARIS, RUE DE L'UNIVERSITÉ, N° 139 OU 926.

J.-N. PACHE

SUR LES FACTIONS ET LES PARTIS, LES CONSPIRATIONS ET LES CONJURATIONS ET SUR CELLES A L'ORDRE DU JOUR.

I

On a apporté dans l'emploi de ces mots : faction, parti, conspiration, conjuration, une confusion nuisible ; il est utile, surtout dans un moment où l'on en fait usage aussi fréquent, de restreindre chacun d'eux à une signification propre, afin de parvenir à s'entendre.

Si la parole n'assure pas cet avantage, elle n'est plus cette découverte heureuse qui concourt le plus puissamment à élever l'homme au-dessus de la brute, et présage le perfectionnement de l'espèce dans sa longue durée ; c'est une invention futile, ou un artifice dangereux.

Les hommes vivent en association, sous la forme de démocratie primaire ou secondaire, avec un gouvernement qui maintient la liberté et l'égalité ; ou bien, ils vivent en rassemblement, sous une domination aristocratique ou monarchique, qui les contient dans l'esclavage.

Dans l'un et l'autre état, il y a à considérer les principes et les personnes.

Le mot *faction* paraît plus propre à exprimer la relation aux principes; il a plus de fixité, et il a été plus souvent employé dans ce sens.

Le mot *parti* a été plus fréquemment employé, dans les mémoires du temps, pour exprimer la relation aux personnes : il ne s'agirait que de s'en tenir toujours à ces significations.

Le mot *faction* exprimera constamment et exclusivement, dans cet écrit, une relation aux principes du gouvernement ; celui *parti*, sera aussi constamment et exclusivement relatif aux personnes.

Un homme est un factieux dès qu'il est en opposition avec les principes du gouvernement.

Mais pour qu'il existe une faction, il faut que plusieurs hommes soient animés de cet esprit ; un seul homme ne forme pas une faction.

Il en est de même pour les partis ; un seul homme ne forme pas un parti.

II

Dans l'état de société, les citoyens peuvent être divisés en deux classes : 1° en patriotes attachés au Gouvernement ; et 2° en factieux qui tendent à le renverser pour établir une domination.

Il y a deux genres de faction ; l'aristocrate et la monarchique, et il ne peut y en avoir davantage.

Chacun de ces genres se sous-divise en plusieurs espèces.

Les patriotes se divisent souvent en deux partis, dont l'un adhère aux personnes des gouvernants, et l'autre les repousse.

Chacun de ces partis se sous-divise aussi en diverses espèces.

Dans l'état de rassemblement, sous la domination, les esclaves se divisent également en deux classes : 1° en patriotes qui, malgré leurs fers, tendent à renverser la domination aristocratique ou monarchique, pour établir sur leurs ruines un Gouvernement ; 2° en factieux qui s'efforcent de maintenir la domination existante, ou de lui en substituer une autre ; savoir, dans la domination monarchique, de substituer l'aristocratique, et, dans la domination aristocratique, de substituer la monarchique.

Ces hommes sont factieux, non pas relativement aux efforts pour renverser la domination existante, mais aux efforts pour établir un autre genre de domination également en opposition avec les principes du Gouvernement.

Les factieux qui veulent maintenir la domination existante se divisent souvent en partis ; les uns adhèrent aux dominateurs actuels, les autres veulent les culbuter pour les remplacer dans le même genre de domination.

III

Il peut exister des anarchistes dans une société et dans un rassemblement ; il peut exister quelques hommes qu'un vice de tempérament ou d'éducation rend également incapables du frein salutaire du Gouvernement et du joug odieux de la domination ; mais il ne peut y avoir de faction anarchiste ; il ne peut y avoir un certain nombre d'hommes qui conçoivent et veulent une réunion permanente d'individus, sans rapports avec les êtres réunis.

Dès qu'il y a réunion, il est de nécessité morale que les rapports entre les êtres réunis soient terminés sous l'une des deux formes, Gouvernement ou domination. Il n'y a, il ne peut y avoir qu'un moment d'anarchie, lors du passage d'une domination à un Gouvernement, et réciproquement ; l'anarchie proprement dite, ne peut avoir de durée.

Une réunion sans rapports entre les êtres réunis, est une impossibilité morale, c'est une absurdité qui, n'entrant dans la tête, ne peut entrer dans la volonté de personne. Les mots : *faction anarchiste* impliquent contradiction. Ils ont été employés et répétés comme tant d'autres, sans aucune valeur, sans aucun sens, par les perroquets des deux factions, comme ils répètent *liberté* sous une Constitution qui établit la royauté ou l'aristocratie, comme ils répètent *trinité* dans leur catéchisme : usage au moins futile de la parole, si ce n'est un artifice pernicieux.

IV

En société ou en rassemblement, la classe la plus nombreuse est toujours patriote. Elle ne peut que désirer, dans le premier cas, de maintenir, et, dans le second, d'établir un Gouvernement qui maintienne la liberté et l'égalité.

Un Gouvernement est tout pour elle. Il est la source de toutes les améliorations de son sort intellectuel, moral, politique et physique, par l'instruction, le développement des sentiments, l'inoppression et l'accroissement d'une aisance individuelle absolue, résultant de son intelligence perfectionnée et d'une meilleure répartition de ses travaux, quelles que soient d'ailleurs les différences dans les aisances relatives.

Une domination la surcharge de tous les maux physiques, politiques, moraux et intellectuels, par l'obscurcissement de l'entendement, la compression des sentiments, le ravalement jusqu'à l'état d'êtres purement passifs, et enfin l'excès des travaux non salariés ou mal salariés qui en est le résultat. C'est tout ce qu'elle doit redouter.

Le voyageur reconnaît à l'œil ces vérités ; l'historien les recueille de tous les mémoires ; la réflexion les fait découvrir aux philosophes ; toute âme honnête en désire ardemment la sincère application à la nation, quoiqu'il puisse lui en coûter le sacrifice d'avantages personnels fondés sur des préjugés, mais un instinct plus puissant encore les fait sentir à chacun des individus de la grande masse. De là viennent, de là viendront à jamais les insurrections à des intervalles plus ou moins rapprochés, jusqu'à ce que, par une perfection possible de l'espèce et de la société humaine, les Gouvernements soient établis et hors d'atteinte.

Dans les sociétés, il y a rarement des gouvernés

factieux ; mais les Gouvernements le sont assez souvent. Ils tendent à profiter des avantages de leur position pour altérer le Gouvernement, par un effet de cette malheureuse faiblesse qui porte l'homme, lorsqu'il n'est pas suffisamment éclairé, à désirer l'accroissement ou la conservation du pouvoir.

Dans les rassemblements, les dominateurs sont essentiellement factieux. Ils maintiennent le plus longuement qu'ils peuvent leur domination, en repoussant, en obscurcissant, en calomniant jusqu'à l'idée d'un vrai Gouvernement.

V

En société et en rassemblement, il y a presque toujours des partis dans les factieux et parmi les patriotes. Ces derniers, d'accord avec les principes, ne le sont pas alors sur les personnes gouvernantes. Les uns ont eu perception de quelques circonstances qui sont ignorées des autres. Il s'établit ainsi une opinion réfléchie différente sur les mêmes personnes, indépendamment de la diversité d'affection, qui naît par sympathie ou par antipathie, de la similitude ou de l'opposition des caractères et des formes, indépendamment encore de celle qu'entraîne la diversité des autres relations sociales.

Les patriotes, les factieux, les hommes de partis conspirent ou conjurent.

VI

Conspirer, c'est aspirer en commun après une même chose : nos vœux conspirent après votre retour, tout conspire à mon bonheur.

Appliquée à la politique, la conspiration est indifférente en elle-même, c'est l'objet de la conspiration qui lui donne la qualité.

On conspire pour ou contre les principes, le premier genre de conspiration est aussi vertueux que l'autre est vicieux.

Il serait utile d'avoir des mots différents pour exprimer les conspirations relatives aux principes, et celles relatives aux personnes, pour exprimer dans l'un et l'autre genre les conspirations vertueuses et vicieuses ; mais la langue sous son état actuel, ne fournit pas à cet égard des ressources suffisantes.

On conspire sans se connaître, sans se communiquer, sans qu'il y ait jamais eu aucune relation entre les conspirateurs.

On conspire aussi d'une extrémité de l'État à l'autre, d'une extrémité du globe à l'autre.

La conspiration est une simple disposition de l'âme.

VII

Conjurer, c'est se promettre mutuellement, c'est se jurer réciproquement de s'aider pour arriver, par un acte extérieur et public, à un but politique commun. La promesse ou l'engagement réciproque peut être verbal ou écrit, conditionnel ou absolu, provoqué ou spontané, acheté ou désintéressé.

La conjuration est aussi indifférente en elle-même que la conspiration, c'est l'objet de la conjuration qui lui donne qualité.

La conjuration est pour ou contre les principes du Gouvernement, le premier genre de conjuration est aussi vertueux que l'autre est criminel.

La conjuration est pour ou contre les personnes gouvernantes ou dominatrices. La qualité de ces personnes détermine celle de la conjuration.

Il est faux que ce soit le succès ou non-succès de la conjuration qui distribue d'une main inéquitable la vénération ou le mépris planant dans les siècles sur la mémoire des conjurés. C'est un préjugé que répandent ou maintiennent les dominateurs aristocrates ou monarques pour contenir les âmes élevées, mais susceptibles, plus attachées à leur renom qu'à leur vie.

Le respect environne les Seize, conjurés aussi redoutables, selon un historien royaliste, *aux chefs de la ligue, le Lorrain et l'Espagnol, qu'à l'héritier de la couronne*, parce qu'ils tendaient au Gouvernement démocratique; il les environne, quoiqu'une nouvelle coalition de parlementaires, de sorbonnistes et de hauts-bourgeois, qui avaient conservé dans leur cœur une arrière-pensée vers l'inégalité, se formant tout à coup au milieu d'eux et s'en détachant, puis établissant, pour les affaiblir, des pratiques et des intrigues dans lesquelles ils étaient plus habiles et se livrant enfin eux-mêmes à Mayenne pour y livrer ces démocrates, ait fait enfin avorter leur généreuse entreprise.

Le mépris environne le Comte de Brissac et son état-major, conjurés qui, voyant l'affermissement de l'esprit public après la destruction des Seize et l'indifférence ultérieure du peuple pour une Révolution qui tournait seulement en faveur d'une poignée d'aristocrates, négociant secrètement avec le Roi de Navarre, lui vendirent Paris pour un bâton de Maréchal de France et des pensions, lui en livrèrent les portes, et cette tant plate coalition aristocratique de parlementaires, de sorbonnistes et de hauts-bourgeois, qui furent aussi replongés dans l'esclavage, où ils entraînèrent le reste de la France.

Le respect environne les Rochellois et Guiton, conjurés pour établir une République dont le système se fut étendu sur les Gaules entières, soutenant, pour cette sainte cause, un des sièges les plus longs et les plus cruels, et ce Guiton, qui, pour le prolonger, dans l'espérance de secours extérieurs, offre sa vie et son corps aux plus affamés ; le respect les environne malgré le non-succès.

La haine et le mépris couvrent les conjurés Louis XIII, Richelieu et sa horde se baignant dans le sang de ces malheureux républicains, ou s'engraissant de leurs comestibles, et exerçant toutes ces cruautés pour acquérir sur leurs restes exténués une domination ennuyeuse pour le premier, dont il était embarrassé au point de s'avilir devant le second qui voulait bien l'en décharger ; tandis que celui-ci en était, à son tour aussi fatigué, et que son âme, non moins lâche que féroce, était continuellement en proie à de telles alarmes, qu'il n'osait aller, sans gardes, d'une chambre à l'autre.

Le respect environnait les conjurés qui ont attaqué la Bastille le 14 Juillet, les conjurés qui ont ramené Louis XVI et l'Assemblée constituante à Paris le 6 octobre, lors même que le succès n'eût pas répondu à leurs efforts ; la haine et le mépris couvrent les conjurés Louis XVI et Bouillé pour le massacre de Nancy ; les conjurés Bailly, Lafayette et les reviseurs pour le massacre du Champ-de-Mars, malgré leurs horribles succès.

Le respect environnerait les conjurés du 10 août, lors même qu'ils eussent été foudroyés par les gardes Suisses et par les beaux grenadiers ; les conjurés du 31 Mai, lors même que l'ascendant de la raison, du droit de la nécessité pour la conservation de la République ne leur eût pas valu de succès ; et le mépris couvrirait les conjurés de thermidor et de vendémiaire contraires à la République, lors même qu'ils eussent réussi.

Les richesses de l'éloquence, les charmes de la poésie, trop souvent aux gages des dominateurs, n'altèrent point le sentiment de l'équité naturelle ; rien ne corrompt cet instinct précieux qui nous commande le respect pour le défenseur de la liberté et soulève les cœurs au nom de ceux qui trahissent, même avec succès, la cause de nations, la cause de l'humanité.

Nous manquons, dans l'état actuel de la langue, de mots propres et différents, exclusivement consacrés à exprimer ces diverses espèces de conjurations ; on pourrait employer *fédération*, en bonne part, *ligue*, en mauvaise part, lorsqu'il s'agit de principes ; *réunion*, en bonne part, *cabale*, en mauvaise part, lorsqu'il s'agit de personnes.

On ne peut conjurer sans se connaître, ou au moins sans se correspondre de voix ou par écrit, médiatement ou immédiatement.

Quelquefois les conjurés sont dans un même lieu, quelquefois ils sont épars d'une extrémité de l'État à l'autre.

VIII

On peut changer la conspiration en conjuration par plusieurs procédés.

Ceux qui opèrent le changement, ceux par l'intervention desquels les conspirateurs deviennent les conjurés, sont les héros ou les criminels, puisque sans eux, sans leurs actes commutateurs, il n'y aurait point eu de conjuration, et les conjurés seraient demeurés simples conspirateurs.

IX

La conjuration, une fois formée par ce changement, a différents degrés de consistance à ses différentes époques. Il y a les projets d'actes, il y a leur exécution : il y a les actes préparatoires, les actes moyens, l'acte définitif.

Ceux qui font passer la conjuration d'un degré à l'autre, du projet des actes à leur exécution, ou des actes préparatoires aux actes moyens, ou de ceux-ci à l'acte définitif, ou de certains projets à d'autres, ou de certains actes préparatoires ou moyens à d'autres, sont encore les héros ou les criminels, puisque, sans eux, la conjuration stationnaire n'aurait avancé ni en projets, ni en actes, soit préparatoires, soit moyens, soit définitifs.

X

La conjuration, à quelque époque et à quelque degré que ce soit, doit être considérée dans ses moyens, qui en rendent l'acte définitif possible, ou qui en font une rêverie, un bavardage ou un griffonnage.

C'est la possibilité de l'acte définitif, par les moyens à la disposition des conjurés, qui rend la conjuration une affaire sérieuse et digne d'occuper une nation et la postérité.

Il ne suffit pas de rêver une Révolution, d'en causer avec trois ou quatre patriotes en se promettant de s'aider, si les circonstances en amenaient la possibilité, pour recevoir les honneurs dus aux bienfaiteurs du genre humain ; il faut ou avoir exécuté, ou bien, après avoir porté les actes préparatoires et réuni des moyens solides au point de donner au succès de la conjuration la plus grande probabilité, il faut avoir au moins commencé l'exécution des actes moyens. Il ne suffit pas de rêver une Révolution, d'en causer avec trois ou quatre complices, en se promettant de s'aider, si les circonstances en amenaient la possibilité, pour recevoir les châtiments dus aux criminels de lèse-humanité ; il faut avoir exécuté, ou bien, après avoir porté les actes préparatoires et réuni des moyens solides au point de donner au succès de la conjuration la plus grande probabilité, il faut avoir au moins commencé l'exécution des actes moyens. J'ai vu qu'un orateur royaliste avait dit qu'il fallait dans les conjurations, au défaut de faits, punir l'intention. Cette proposition n'est point celle d'un Barbare. Les Barbares n'ont point la politesse des hommes civilisés, mais ils ne sont pas dépourvus des sentiments de la nature, et ils ne les atténuent pas par de vaines subtilités. Elle est d'un de ces hommes dont les organes moraux sont à rebours, comme les organes physiques de ces enfants monstrueux qui ont l'œsophage au fondement; elle est d'un de ces hommes qui, ainsi organisés contre nature, a vécu encore dans un état contre nature. C'est, en effet, dans les dominations que cette maxime a été inventée. Les tyrans ont voulu en imposer par la crainte des supplices, et quels supplices! Je ne remonterai pas au taureau de Phalaris; mais nous avons tous vu, sous le règne de l'humanité, les humains parlementaires ordonner, sur la réquisition de l'humain Louis XV, qu'on tenaillât un homme aux mamelles et aux autres parties du corps les plus sensibles, qu'on coulât sur ses plaies sanguinolentes du plomb fondu, que huit chevaux contre-tirassent ensuite tous les nerfs de ses quatre membres par un écartellement. Ses cris douloureux et déchirants retentissent encore à nos oreilles. Cette crainte des supplices pour le moindre fait ne leur suffisait pas, ils ont imaginé de faire craindre les recherches jusque sur les pensées, d'ajouter à la terreur le scrupule; ils ont porté le délire jusqu'à rendre l'homme responsable de ses songes, et ils ont été servis par des prêtres et des juges que dégradait l'esclavage. Mais dans une société, il ne peut y avoir ni récompenses, ni peines ainsi distribuées. Il faut 1° des faits, 2° l'intention. Avec l'intention sans les faits, comme avec les faits sans l'intention, il n'y a ni peines ni récompenses; et les unes et les autres sont graduées sur les faits.

XI

Dans tout rassemblement, le peuple essentiellement patriote est en conspiration permanente pour un Gouvernement contre la domination : il y a de temps à autre des conspirations. Leurs intervalles sont déterminés par le concours de plusieurs circonstances.

Les dominateurs factieux y sont en conspiration et en conjuration permanentes contre les principes du gouvernement, et contre tous les moyens qui conduiraient à l'établir.

Dans toute société, quelques factieux, parmi lesquels on peut presque toujours compter malheureusement des gouvernants, sont en conspiration permanente contre les principes des gouvernements.

Il y a très rarement conjuration de la part des gouvernés factieux, mais il y a ordinairement conjuration permanente de la part de ces gouvernants factieux.

Dans tout rassemblement, les factieux, hommes de partis, sont en conspiration permanente contre les dominateurs, et il y a de temps à autre des conspirations de leur part.

Dans toute société, les partis parmi les patriotes conspirent contre des gouvernants, et quelquefois cela va jusqu'à la conjuration.

XII

Dans toute société où les gouvernants remplissent leurs devoirs, les conspirations et les conjurations ne sont pas dangereuses.

Si ce sont des gouvernés qui attaquent les principes du Gouvernement, une immense majorité les défend.

Si ce sont des patriotes, hommes patriotes qui attaquent par erreur ces bons gouvernants, une immense majorité les défend.

XIII

Dans toute société où les gouvernants ne remplissent pas leur devoir, il y a deux cas. Les conspirateurs conjurés sont des gouvernants ou des gouvernés.

Si ce sont les gouvernants qui attaquent les principes du Gouvernement, la conspiration est dangereuse ; car quoiqu'une immense majorité couvre ces principes, cependant les moyens de séduction et de forces employés par ces gouvernants factieux, peuvent nuire momentanément à la chose publique.

XIV

Si ce sont des gouvernés qui sont les conspirateurs conjurés, ou ce sont des factieux qui veulent renverser le Gouvernement, et ils ne sont pas dangereux comme nous l'avons vu, parce qu'une immense majorité le soutient contre leurs faibles attaques. Ou ce sont des patriotes qui, non pas comme hommes de partis, mais comme patriotes, attaquent les mauvais gouvernants ennemis des principes du Gouvernement ; et la conjuration, bien loin d'être dangereuse, est salutaire, est désirable ; il y en a trop peu de ce genre. Elle sauve la chose publique.

XV

Dans ces conjonctures, le grand art des gouvernants factieux est de faire croire que les patriotes généreux sont eux-mêmes des factieux, c'est de les rendre tels, sinon en réalité, au moins en apparence.

Ils n'oseraient faire dire que conjurer contre leurs personnes, c'est conjurer contre l'État. Cette maxime est réservée aux dominations, où on la prouve aux incrédules en les faisant écarteler, ainsi qu'on prouvait aussi l'inexistence des antipodes à d'autres incrédules en les faisant brûler. On rirait au nez des sophistes à leurs gages qui avanceraient une telle proposition ; les enfants même savent aujourd'hui que les gouvernants ne sont point le Gouvernement, et par conséquent que conspirer contre les gouvernants, n'est point conspirer contre le Gouvernement.

Dans cet embarras, ils usent de toutes les astuces possibles pour faire naître quelques circonstances ou pour inspirer quelques actes dont on puisse inférer ce qu'il est de leur intérêt de faire penser, que ces patriotes généreux qui attaquent leurs personnes, en veulent aussi au Gouvernement.

XVI

Le nombre des conjurations dans toute société est la mesure des qualités des gouvernants.

Si ce nombre est petit, les gouvernants sont passables.

S'il est grand, les gouvernants sont nécessairement très mauvais.

Ce que doivent faire des gouvernants bons et prudents, c'est de diminuer ce nombre : 1° en éclairant les factieux sur les principes, pour les rattacher au Gouvernement ; 2° en rectifiant dans leur propre conduite, pour ne pas être justement désapprouvés et poursuivis par les patriotes, qui l'emporteront toujours à la longue, parce qu'ils ont le droit et la raison pour eux.

On n'institue pas un Gouvernement, on n'entretient pas des gouvernants pour tuer des hommes *ex-abrupto* ; on institue l'un et l'on entretient les autres pour rappeler les citoyens égarés aux principes, ou les citoyens aigris à de meilleurs sentiments, par des voies supérieurement dirigées, selon les circonstances et les esprits, par des voies douces, humaines, sociales, adroites ; ce n'est pas pour écraser les factions, pour écraser les partis les uns contre les autres par une force colossale, c'est pour les atténuer, par l'influence de la raison, l'attrait des procédés, les charmes de la douceur; ce n'est pas pour rendre criminels des hommes faibles, afin d'avoir à les punir selon les lois sévères, c'est pour les fortifier, c'est pour les empêcher de tomber dans le crime, et prévenir le malheur d'avoir à leur infliger des châtiments terribles ; ce n'est pas pour inoculer le virus des forfaits à des hommes dont les humeurs sont déjà trop âcres, c'est pour éloigner d'eux jusqu'aux miasmes de la contagion ; ce n'est pas pour détruire, c'est pour conserver, et pour conserver par la méthode préservatrice : si elle mérite la préférence dans la médecine physique, elle est de devoir parfait et rigoureux dans la médecine politique.

XVII

Des gouvernants qui supposent des conjurations, sont donc des sots, qui proclament eux-mêmes, devant leurs contemporains et la postérité, leur ineptie ou leurs vices, à moins qu'ils n'y soient conduits par quelques intérêts particuliers majeurs, et la découverte de ces intérêts particuliers les change ordinairement de sots en factieux.

S'ils tirent de ces conjurations supposées des moyens de répandre le sang innocent, ce sont des criminels.

XVIII

Des gouvernants qui ne supposent pas, mais qui font des conjurations, sont ou des sots ou des factieux avec un degré de plus de malignité. S'ils tirent de ces conjurations qu'ils ont faites, des moyens de répandre du sang, ils sont des criminels d'un degré supérieur.

XIX

Je connais une commune où l'on avait cessé depuis longtemps de sonner les cloches. Les chrétiens, en exerçant librement leur culte, avaient pris, comme le démocrate Jésus le recommande, le parti de se conformer à la loi civile de l'Etat. La nouvelle de la découverte de la grande conjuration de floréal y arrive ; le dimanche suivant, dès le matin, les airs retentissent et l'on sonne à double carillon. Après la grande messe un jeune substitut, qui n'a jamais lu au peuple le récit des victoires de l'armée d'Italie, y déclame avec emphase, celui de la découverte admirable qui sauve la République, et quelques vieilles fanatiques de se dire : C'est Drouet, c'est celui qui a arrêté le roi, il va être guillotiné, c'est Dieu qui le punit (1). Et le fanatisme, avec ses acolytes, n'en

(1) Les habitants de Varennes ont fait leur devoir envers la nation, en arrêtant Capet fugitif, et Drouet a fait le sien, comme ses concitoyens, en y concourant ; la nation leur doit à tous estime et bienveillance. Ceci me rappelle un autre fait. Quelques jours après que le Comité de salut public eût pris un arrêté portant ordre à l'administration de police de transférer du Temple à la Conciergerie, Marie-Antoinette-Lorraine-Autriche, veuve Capet, pour qu'il fut procédé à son jugement, un député, membre des Comités de Gouvernement vint à la mairie sur les neuf heures du soir. Il me dit qu'ayant appris que Marie-Antoinette était logée dans une chambre basse et peut-être peu saine, il en avait fait part aux Comités, et en avait pris une autorisation pour faire la visite du lieu, et lui en procurer une plus convenable si cela était possible. J'envoyai chercher les administrateurs de police de service, et nous partimes

a pas rabattu depuis. Vous sentez bien que si leur bon Dieu se mêle de punir ceux qui l'ont condamné à mort à Paris, celui qui a arrêté le roi à Varennes, il est encore bien plus probable dans ces têtes qu'il punira même ceux qui l'ont laissé exécuter, et que leur châtiment attendu, demandé peut-être aux *angelus* du matin et du soir, ne fera pas naître, lorsqu'il arrivera, d'autres sentiments que ceux excités par l'idée de la punition de Drouet. Sans doute ces sottises ne feront rien à l'existence de la République, mais tel est le bon effet politique de ce grand coup d'état.

On vint m'en parler; je dis : il est impossible que Drouet soit royaliste, qu'il soit aristocrate, qu'il veuille renverser le Gouvernement républicain; il peut seulement avoir eu l'idée de culbuter des gouvernants qu'il croit mauvais et nuisibles au Gouvernement; il est impossible que ceux que je connais dans cette liste, Cordas, Fiquet, Crespin, Paris, Antonelle, Lepelletier, Parein, Amar, Menessier, Bodson, Lindet, Chrétien, aient

sur-le-champ avec ceux qui l'accompagnaient. Introduits dans la chambre de Marie-Antoinette, il s'approcha de la détenue, lui parla avec les égards dus à sa position, *res sacra miser !* et lui présenta avec douceur les motifs de consolation qui peuvent être donnés en de semblables circonstances. Il fit l'inspection de toutes les chambres, etc. Vous croyez peut-être que ce député est quelqu'humain exclusif? Non, c'est ce démocrate Drouet ; c'est ce Drouet que les Autrichiens ont, par un contraste frappant, tenu peu de temps après dans une captivité si cruelle ; c'est ce Drouet que, par un contraste plus frappant encore, les factions royalistes et aristocrates, dont aucun membre n'a eu l'humanité et le courage de faire la moindre démarche ou de dire le moindre mot, pour vérifier l'état de la détenue, appellent aujourd'hui buveur de sang, et qu'ils ont voulu envoyer à la mort. *Quantum distat ab illis* ! Il entreprend avec fermeté tout ce qu'il croit nécessaire au salut de la patrie : il apporte dans l'exécution, tous les adoucissements de son ressort.

changé, qu'ils soient des anti-républicains; il est impossible encore qu'ils admettent toutes ces aberrations qu'on attribue à ce qu'on appelle la faction anarchiste; aberrations qui peuvent amuser l'imagination, intéresser même le cœur, mais qui sont toujours repoussées par un jugement sain; le partage égal des terres, la communauté des biens et de toutes les autres folies qu'on a répandues sur le compte des démocrates pour les perdre, comme dans d'autres temps, d'autres tyrans attribuèrent aux Juifs de piquer des hosties, et d'en tirer du sang dont ils se désaltéraient; aux Templiers, de tuer, puis de rôtir leurs propres enfants dont ils se rassasiaient; inventions mensongères de dominateurs perfides pour parvenir à des buts criminels. Je connais trop chacun de ces hommes pour ne pas croire à leur probité, à leur patriotisme et à leurs vues saines; le temps éclaircira ceci.

Lorsque peu après, j'ai appris l'affaire de Grenelle et qu'on les fusillait largement, je me suis dit, l'amertume dans le cœur : encore une conjuration! un mouvement de conjurés! il est impossible que Huguet, Cailleux, Gagnant, Javoques, Cusset, dont on me présentait les noms, soient des anti-républicains. Les gouvernants supposent, selon ce que j'aperçois, des conspirations et des conjurations contre l'Etat, lorsqu'il y a, au plus, conspirations et conjurations contre leurs personnes, ce qui n'est pas la même chose. Ils montrent d'abord par là qu'ils sont mauvais gouvernants; ils laissent présumer qu'ils peuvent avoir une arrière-pensée, ensuite ils légitiment en quelque sorte ces conspirations et conjurations, ils élèvent les conjurés au Panthéon, mais comme c'est en les faisant passer par une fosse meurtrière, ce sont des criminels.

Je me suis alors abonné à un journal patriote, afin de reprendre quelques notions sur le courant des affaires publiques. J'y ai vu, dans des débats, que les gouvernants avaient non pas supposé, mais fait ou favorisé la formation ou l'avancement progressif de la conjuration de floréal, probablement de celle de Grenelle, et peut-être de celle de Brottier; qu'avec l'argent et les moyens de la République, ils étaient parvenus péniblement à changer de simples conspirateurs contre leurs personnes, en conjurés, ou des conjurés en projets, en des conjurés actifs, et puis qu'ils étaient venus se vanter de cette belle action devant les députés à la législature, dont les uns avaient été dupes, et dont les autres avaient fait semblant de l'être; mais ces gouvernants, humides du sang de Grenelle, contre l'effusion duquel réclame enfin le Tribunal de Cassation, sont des criminels d'un degré supérieur.

XX

Il est du devoir des gouvernants de surveiller les conspirateurs contre le Gouvernement, il est de leur intérêt de surveiller les conspirateurs contre leurs personnes, d'introduire même parmi les uns et les autres des hommes qui puissent leur rendre compte de tout ce qui s'y passe, afin de prévenir le mal, afin de rectifier les opinions des uns, et de se rectifier eux-mêmes d'après l'improbation des autres. Mais c'est une horreur que d'exciter au mal ces deux classes de conspirateurs quels qu'ils soient, pour avoir à les punir; de les transformer, presque malgré eux, de conspirateurs en conjurés, ou de conjurés en projets, en conjurés actifs, pour avoir le droit de les tuer juridiquement.

Il est difficile, direz-vous, de poser la limite et de se borner à observer sans exciter pour faire rendre. — Non, cela n'est pas difficile ; et si vous ne savez pas faire les choses difficiles, allez planter vos choux ; si ne sachant pas faire ce qui est difficile, vous y suppléez par un acte de scélératesse, vos noms seront à jamais en horreur.

La surveillance est indispensable dans une ville aussi grande que Paris et d'une population aussi nombreuse, Olympie où accourent aux jeux en même temps les vertus et les talents des deux mondes, sentine où se rassemble aussi tout ce qu'il y a de plus subtilement vicieux ; mais c'est la surveillance d'un père ; il se doute que, malgré ses instructions et ses reproches, son fils contracte l'habitude d'aller aux tripots; il envoie un homme de confiance pour le surveiller. Celui-ci doit s'avancer dans la familiarité du jeune homme égaré, pour avoir la facilité de l'accompagner partout ; mais ce n'est point en l'excitant à ponter, ce n'est point en l'enflammant encore davantage de cette funeste passion. Il faudrait, répondrez-vous, des agents intelligents et honnêtes pour saisir et appliquer ces nuances, et nous n'avons que des Malo, des Grisel. Eh ! ne les avilissez pas, vous en aurez. Soyez vous-mêmes bons et délicats, ne donnez point de commissions infâmes, elles pourront alors être remplies par des hommes en même temps habiles et probes. C'est aussi un service rendu à la République.

Au reste la bonne foi est là. Elle y est fixée ; nulle force humaine ne peut la déplacer, l'éloigner ou la rapprocher. Tout ce qui la dépasse est un crime qui met la République dans un plus grand danger que de rester en deçà ; car des conjurations de gouvernés factieux sont toujours moins périlleuses que des attentats de gouvernants, et ce serait plutôt contre ces derniers qu'on pourrait appliquer le *Salus populi prima lex,* dont il faut d'ailleurs faire un rare usage : ce ne peut pas être, ce ne doit pas être une maxime de tous les jours.

C'est pour vous, comme nous l'avons vu, un devoir parfait et rigoureux de travailler à prévenir le mal.

Vous ne pouvez jamais le provoquer pour avoir à le punir. Vainement diriez-vous que vous provoquez le mal particulier, pour, en le punissant, prévenir le mal général. C'est un sophisme exécrable, puisqu'en prenant l'autre parti de prévenir le mal particulier, vous préveniez également le mal général, et qu'alors vous n'avez rien à punir.

Provoquer le mal particulier est donc un acte inutile au salut public, au salut de l'État, au salut du peuple.

Vous ne pouvez y être conduits que par des vues propres et intéressées, ou bien vous voulez vous donner faussement pour des sauveurs de la patrie qui n'était pas en danger, en l'y mettant simulément vous-même pour avoir l'air de l'en tirer ; ou bien vous avez encore une pensée plus coupable.

En tout et malgré toutes les prétentions des génies, il n'y a point, il n'y aura jamais de société, de gouvernement sans morale. Elle est nécessaire, elle suffit.

J'ai bientôt reconnu, par un fait incontestable, que les gouvernants employaient des moyens opposés à ceux que tolère la morale dans ces précautions que commande la politique.

XXI

Le ministre de la police, Cochon, a dit dans son rapport du ..... qu'il était instruit depuis un mois qu'il y avait un agent royal à Paris, que cet agent devait, etc., etc., qu'il devait exciter à un mouvement les faubourgs et les citoyens que, d'après Capet et les royalistes, les aristocrates modernes nomment aussi des anarchistes, et que ces faubourgs et ces anarchistes concouraient aussi aux vues des royalistes.

Il a été sagement observé dans le Conseil des Cinq-Cents que les pièces et charges ne présentaient rien de cette dernière circonstance qui paraissait être de l'imagination du ministre Cochon ou de ses souffleurs.

Voyons ce qui se passait un mois avant ce rapport du ministre Cochon.

XXII

Annoncer dans un journal quelconque une tendance au mouvement n'est pas toujours le provoquer; mais il est connu que le moyen le plus efficace de le rendre probable, de le réaliser, de l'activer, c'est de faire répandre par un journal accrédité, qu'un homme, en qui le peuple a eu confiance, y prend une part active, c'est-à-dire qu'il estime ce mouvement nécessaire et d'un succès assuré. Un plus grand nombre de citoyens y donne attention, s'en occupe, le discute ; à la moindre occasion, le peloton grossit ; son agglomération entraine proportionnellement plus de curieux et l'on a un rassemblement, un mouvement.

Ce n'est point un journaliste ordinaire, un journaliste dans les feuilles duquel on est accoutumé à voir des nouvelles tantôt vraies, tantôt fausses, par l'impossiblité où il se trouve souvent de vérifier les faits ; c'est M. Delagarde, secrétaire général du Directoire, et rédacteur du journal officiel de cette puissance, réputé à ces deux titres instruit de ce qui se passe, surtout en matière aussi importante qu'un mouvement subversif ou conservateur du régime établi ; c'est ce journaliste privilégié qui annonce la tendance au mouvement, en y ajoutant la circonstance que Pache se promène à ce sujet dans les rues de Paris, et y prend ainsi une part active.

Les gouvernants sous les yeux desquels M. Delagarde rédige son journal, ne pouvaient ignorer que j'étais tranquille ici comme je l'étais dans le château de Ham, lorsque pour le mouvement de prairial, le grand-maître des hautes-œuvres conventionnelles, en service près de toutes les factions successivement dominantes, imagina la motion de me faire juger sans déplacer, par une commission militaire ; je n'ai, certes, pas plus quitté Thim que Ham ; les gouvernants et M. Delagarde le savent.

Le rédacteur officiel, l'organe des gouvernants, a donc mis sciemment et volontairement cet article faux dans son journal, un mois avant l'époque du rapport du ministre Cochon.

XXIII

Quel pouvait être son objet? car enfin, un homme comme M. Delagarde n'insère pas sciemment un article faux dans un tel journal, sur une matière aussi sérieuse, sans avoir un objet. Il a tant d'autres choses à dire pour la satisfaction de ses abonnés et de ses non abonnés ; les travaux du Directoire lui fournissent tant de notes instructives ou intéressantes, qu'il ne peut s'amuser à inventer ou recueillir des futilités, et à entretenir le public de mes prétendues promenades, comme pourraient le faire quelques journalistes dépourvus de matériaux aussi précieux ; près de cette meule énorme de gerbes bien nourries, il est dispensé d'aller glaner ; quel était donc son objet?

Pour ce qui me regarde, c'était de me compromettre en plaçant mon nom dans ce mouvement.

Mais pour ce qui concerne la chose publique, l'objet est bien plus grave. Je ne me fais point illusion sur mon influence réelle ; mais les longues et atroces persécutions dont j'ai aussi été la *victime*, et cela *sous toutes les factions*, prouvent qu'on m'en a supposé une grande, soit personnelle, soit nominale. Et dans cette supposition, mon nom ainsi placé doit réveiller l'attention de beaucoup de citoyens, donner plus de participants à la tendance au mouvement, le probabiliser, le réaliser, l'activer.

XXIV

Les gouvernants voulaient donc un mouvement des faubourgs et de ce qu'ils appellent les anarchistes, à cette époque antérieure d'environ un mois, au rapport du ministre Cochon. Ils le composaient dans eux-mêmes ; ils en rassemblaient les éléments; ceux qui manquaient, ils les faisaient intervenir ; ne pouvant disposer de ma personne, ils faisaient intervenir mon nom ; ils déterminaient un mouvement au prix de la vérité, et par un mensonge volontaire.

XXV

Cependant les gouvernants, qui faisaient ainsi un mouvement, n'étaient sûrement pas en retard sur les précautions et les moyens de le réprimer ; en donnant des ordres à M. Delagarde, excitateur, ils en préparaient sûrement pour M. Malo, réprimeur. Tout cela est d'une perfidie, d'un néronisme, ou plutôt d'un dogisme aristocratique, nouveau pour moi.

XXVI

Si cette infâme expédition n'eût pas été déjouée par des journalistes républicains, qui se sont moqués de M. Delagarde, de ses cors de chasse, de son Pache, et qui ont éclairé le peuple sur le piège qu'on lui tendait, il eût été possible que des groupes de citoyens mécontents, non du gouvernement, mais des gouvernants, se formassent; que des curieux les grossissent, que des Grisel, en faisant des actes insurrectionnels qui leur étaient commandés et payés par les gouvernants, entraînassent par le moyen puissant de l'imitation mécanique, trop peu pris en considération dans les jugements des Commissions militaires, entraînassent, dis-je, à les répéter, quelques citoyens seulement inconsidérés; que les uns fussent sabrés par M. Malo, et que les autres fussent transformés en conjurés, fussent condamnés à être fusillés par une nouvelle Commission militaire du Temple.

Ainsi, en mon nom, par les soins des gouvernants, une foule de bons citoyens auraient été traînés à cette double boucherie! J'en frémis.

XXVII

Pour couvrir toutes ces horreurs, on eût fait une proclamation et un message, dans lesquels on eût instruit la nation et la législature, que les faubourgs et les anarchistes avaient formé une grande conjuration, qui mettait la République en danger; qu'ils concouraient, au moins, quant à l'époque, avec les royalistes, dont on faisait, ou dont on filait une conjuration d'un autre côté, pour la découvrir à temps. Les bons aristocrates modernes eussent demandé à grands cris mention honorable du zèle de ces bons gouvernants, qui découvraient si finement les conjurations qu'ils faisaient; qui sabraient si bravement les rassemblements qu'ils formaient, et ils eussent appuyé avec les royalistes la commission militaire, pour faire fusiller ceux qui étaient échappés au sabrement. Pauvre peuple, pauvres législateurs, coupables gouvernants!

Ce fait, qui m'est personnel, a complètement désillé mes yeux sur leur conduite.

XXVIII

J'avais toujours présumé, d'après la connaissance que j'ai de Carnot, qu'il entraînerait le Directoire dans quelques-unes de ces mesures, dont je l'avais vu grand partisan au Septemvirat; les lâches sont cruels; j'avais toujours présumé qu'il tâcherait de rétablir *le régime par coups d'Etat*, dont il s'accommodait si bien. Mais je n'avais pas pensé que de telles monstruosités pussent maintenant se cumuler aussi facilement, ni qu'il pût trouver à la main des ministres de la police, des ministres de la justice, des Malo, des Grisel, des Delagarde, etc.

XXIX

Cependant, il me paraît maintenant prouvé, par les dépositions de Grisel, que ce sont les gouvernants qui ont fait à peu près tout ce qui existe de la conjuration du 20 floréal; qui ont changé la conspiration contre leurs personnes, en ce qu'on veut appeler conjuration contre l'Etat, contre la République, et qui ont progressivement avancé la conjuration. Ce sont les gouvernants qui fournissaient à Grisel les moyens pécuniaires et de séduction avec lesquels on peut rendre conjurés les hommes qui, sans eux, resteraient de simples mécontents ; ce sont les gouvernants qui excitaient, par l'appât des récompenses, des grades militaires, ce Grisel, moins vicieux que ceux qui l'employaient, à faire les actes excitateurs et progressivement augmentateurs de la consistance de la conjuration. A quelque degré qu'on la suppose, quelque importance qu'on lui donne, quelque culpabilité qu'on lui attribue, ce Grisel, par ses actes, en serait un acteur, parce qu'il ne s'est pas contenu dans les bornes de ses fonctions, dans les limites de l'observation, et ce Grisel, ce sont les gouvernants.

Il me paraît qu'il y a eu également de semblables excitations pour l'affaire de Grenelle et pour celle de Brottier.

Mais sur le quatrième fait qui m'est personnel, l'excitation de M. Delagarde à un mouvement, en employant mensongèrement mon nom, est incontestable.

XXX

Indépendamment du crime de traîner à la mort des innocents, il faut considérer le but, il faut considérer l'intérêt particulier majeur, qui fait subir à des gouvernants la honte de se déclarer eux-mêmes ineptes ou vicieux par cette multiplication de conjurations et de mouvements de conjurés, dont ils se vantent de faire la découverte.

C'est l'objet principal de cet écrit. Les gouvernants doivent surveiller les conjurés gouvernés, pour découvrir si quelques-uns ne prennent point un esprit factieux, et les ramener. Les gouvernés doivent surveiller les gouvernants, pour découvrir si quelques-uns ne prennent point un esprit factieux, et les contenir. Les gouvernants patriotes doivent livrer les gouvernés, conjurés factieux, aux tribunaux ; les gouvernés patriotes doivent livrer les gouvernants, conjurés factieux, à l'opinion nationale.

Pendant qu'un haut jury s'occupe à juger les gouvernés prévenus, la nation doit s'occuper de juger les gouvernants dénonciateurs, et je les traduis devant son tribunal.

On ne tourmente pas des citoyens incontestablement patriotes, et on n'en tue pas d'autres par des machinations aussi infernalement combinées, quand on ne veut que la République, quand on ne veut que remplir son devoir par l'exécution fidèle de la Constitution.

Il est remarquable que c'est Carnot qui tient la première place ; c'est Carnot qui confère avec les Malo, les Grisel, qui les dirige, qui les pousse, qui remplit, qui outrepasse les fonctions de ministre de la police. Cette affaire appartient plutôt à Carnot qu'au Directoire. Aussi c'est le système revivifié, mais étendu, mais augmenté du Septemvirat, dont il faisait partie, et partie très essentielle, pour tout ce que les Septemvirs ont fait de condamnable.

XXXI

Lorsque par les travaux estimables des douze membres du Comité de salut public, soit dans le Comité, soit hors du Comité, on fut parvenu à ramener les affaires à un point qui ne laissait plus d'inquiétude sur l'existence de la République, et qu'on commença à être tranquille sur son sort, il se forma insensiblement, par un assentiment tacite, cette fameuse coalition, portée successivement à sept membres, qui cessèrent de s'épiloguer, de se contrarier, au moins en face, et qui parurent mettre en commun leur ambition et leurs moyens.

Les factions royalistes étant immobiles et muettes, le Septemvirat jouit un moment avec assez d'agrément du pouvoir. On s'y accoutume facilement. Une continuation impolitique des mêmes membres au Comité, en fortifia en eux la fatale habitude, et leur fit naître ce désir vague et obscur de le voir prolonger encore, désir qui est un effet si naturel du plus fort penchant de l'homme trentagénaire, qu'ils ne sont point condamnables, et qu'on devait s'y attendre. A ces désirs vagues succédèrent aussi naturellement l'éloignement pour toute disposition qui amènerait la fin de ce pouvoir si doux, et de la tendance pour toute circonstance qui en produirait la durée. Bientôt, vinrent les vues pour repousser les unes et provoquer les autres, enfin les projets raisonnés, enfin leur exécution.

Cependant les partis qui, dans l'ordre ordinaire, ne devaient pas voir cette appropriation prolongée du pouvoir sans en concevoir quelque peine, inspirerent de l'inquiétude. On crut, non sans quelque fondement, qu'ils pouvaient être jaloux du pouvoir. On le craignit; on craignit qu'ils ne s'occupassent de l'enlever, on craignit de le perdre; cette crainte y attacha davantage comme à tous les autres biens réels ou fantastiques. On chercha définitivement les moyens de le conserver. Celui de détruire les hommes du parti contraire se présenta dans quelques esprits. Il fallait un prétexte. On ne pouvait faire périr des républicains connus, sans donner un motif apparent d'abord à ceux des Conventionels qu'on séduisait, et qui se formaient en corps de faction septemvirale, ensuite au peuple. On supposa et on fit circuler parmi les premiers que les populaires n'étaient pas assez forts pour abattre complètement le royalisme qui faisait le mort; que, pour assurer la République et la Convention (le Septemvirat), il fallait se défaire des populaires qui déplaisaient à la classe moyenne, que cette opération rallierait, et qui était plus propre, par sa masse, à donner de la stabilité aux affaires, à la Convention (au Septemvirat). On comprit l'extrême royalisme dans la proscription avec l'extrême patriote, parce que si l'on n'eût expédié que des patriotes, le stratagème et son but eussent été trop à découvert. Ceux qui avaient le plus de goût pour la destruction des patriotes, ne cessèrent plus de se plaindre, dans le Comité, des embarras qu'ils leur occasionnaient. On s'accoutuma à les voir de mauvais œil, à en désirer la perte, à l'idée de l'opérer sans remords. La jalousie, l'envie, toutes les passions basses, achevèrent l'œuvre. Le mot d'ordre fut enfin *les deux extrêmes*. Quant au motif pour le peuple, on fit fonds sur sa confiance, et on espéra de le séduire par de frivoles rapprochements. Ce fut alors qu'on commença à rechercher les plus futiles et les plus faux prétextes d'immoler tout patriote qui, par esprit de parti ou par immutabilité, fut soupçonné de ne point seconder actuellement ou dans l'avenir les vues du Septemvirat; qu'on les fatigua, qu'on les irrita, qu'on les aigrit, qu'on les divisa, qu'on les assassina. J'y vis le jeu des haines particulières; j'y vis Robespierre en céder à Billaud, et Billaud en céder à Robespierre, et un contentement alternatif dans les traits de chacun d'eux; mais je vis une joie constante briller pour la destruction de tous sur le visage de Carnot. Ce fut alors enfin que, pour couvrir les encharettements des patriotes aux yeux du peuple, on doubla les encharettements des royalistes.

Vainement, lorsque j'aperçus les progrès de l'idée fausse et surtout perfide, j'en représentai l'horreur; vainement j'observai que les populaires étaient suffisants pour contenir ou même abattre les royalistes; que les conséquences qu'on en tirait étaient d'ailleurs immorales, qu'elles étaient impolitiques; que ce ne serait autre chose que d'un côté réduire l'ennemi au désespoir, de l'autre, fusiller traîtreusement nos troupes légères; et que les avant-postes étant détruits, le corps d'armée courrait grand risque d'être surpris et culbuté. Les passions avaient formé un calus autour des cœurs, elles avaient obstrué les cerveaux. On tua des patriotes. Carnot eut ce plaisir.

XXXII

On les tua, et cela bien évidemment parce qu'on voulait prolonger l'exercice du pouvoir, parvenir à une forme qui en procurât la durée ou un retour plus facile que l'ordre adopté dans la Constitution démocratique solennellement acceptée et promulguée. J'entends encore Carnot, quelque temps après les trois ou quatre premiers massacres des patriotes conventionnels et extra-conventionnels, se dandinant au coin du feu avec un air de satisfaction, me dire en ricanant : *Eh bien, citoyen maire, on fera pourtant des changements à la Constitution.* On en a fait, ils ont coûté bien du sang des meilleurs républicains ; valent-ils le sang qu'ils ont coûté ?

La grande majorité des Septemvirs était originairement patriote, je me plais à le dire ; mais à cette époque fatale ils étaient devenus factieux ; ils avaient bu dans la coupe du pouvoir, et l'un d'eux, plus esclave de l'amour des privilèges par les premières espérances de sa première profession, et aussi plus astucieux que les autres, profita de leur ivresse. Gouvernants factieux, ils usèrent de la force nationale à leur profit ; ils voulurent se débarrasser de tout obstacle ou même de toute surveillance, ils détruisirent les patriotes, sous le prétexte d'écraser, avec des bras géants, les partis les uns contre les autres ; dans ce choc terrible, les crânes et les os se brisent, les lambeaux de cervelle et de moëlle jaillissent, vos visages en sont encore dégouttants : tels furent les fruits de ces ambitieuses et mégériques idées.

Carnot s'en est tiré. Il a dit, m'a-t-on appris, qu'il signait de confiance, et il a abandonné même ceux dont il s'était déclaré participant, lorsqu'il croyait qu'un parti puissant les soutiendrait et qu'il partagerait leurs avantages. Mais d'après qui donc signait-il de confiance? était-ce d'après Robespierre, Couthon et Saint-Just? Non. Etait-ce d'après Billaud et Collot? Non; ceux-ci l'avaient toujours regardé comme un royaliste hypocrite, un jacobin honteux, et traité avec un mépris et une dureté qui n'appellent pas la confiance. Etait-ce d'après Barère? Je n'ai jamais vu entre eux de ces relations intimes, de ces abandons absolus, qui fait que l'opinion de l'un devient celle de l'autre sans examen et sans difficulté. Mais sa confiance s'étendait-elle jusqu'à l'empêcher d'entendre les discussions qui se tenaient dans le Comité avant que l'on arrêtât le résultat des opinions, et que l'on minutât les arrêtés, jusqu'à l'empêcher d'entendre ce qu'on lui disait hors du Comité sur les faits conséquents aux arrêtés qu'il signait?

Je l'ai vu constamment à ce Comité, séant à la table ronde, prenant part à toutes les délibérations, y donnant son avis sur les choses et sur les personnes, non seulement concernant la partie militaire, mais concernant tous les autres objets de politique interne et externe. Nul n'a été plus que lui assidu au Comité. Barère, Robespierre, Collot, Saint-Just et les autres arrivaient quelquefois tard, parce qu'ils allaient aux spectacles ou aux Jacobins; Carnot, matin et soir, y arrivait toujours le premier, en sortait toujours le dernier. Il n'y a aucun membre dont il y ait plus de signatures sur des minutes d'arrêtés que de Carnot.

Il paraît qu'il s'est aussi excusé sur ce qu'il avait eu peur. Pour cela, j'en conviens, et grande peur; je lui en délivrerai un certificat lorsqu'il en aura besoin. Mais ce n'est pas depuis qu'il s'est glissé dans le Septemvirat, et qu'il y enchérissait sur les expressions et les mesures les plus outrées. Certes, il aurait eu peur de son ombre.

XXXIII

Pourquoi Carnot, qui faisait tuer des patriotes à cette époque, parce qu'il voulait des changements à la Constitution lors existante de l'an II, en fait-il tuer aujourd'hui? C'est parce qu'il a pour la Constitution de l'an III à peu près les mêmes sentiments que pour l'autre. Il détruit encore les patriotes, parce qu'ils le gênent, et pour en faire passer la destruction, comme à l'autre époque, il sacrifie des royalistes. Les patriotes l'embarrassent. Quoiqu'ils ne puissent pas avoir d'engouement pour cette Constitution de l'an III, ils en veulent au moins l'observation fidèle; ils veulent cette Constitution non pas seulement de nom, mais de fait, puisqu'elle contient encore les deux bases d'une démocratie : l'inviolabilité de la Constitution acceptée par le peuple et la liberté des élections; puisqu'elle est susceptible d'être perfectionnée par des assemblées de révision; puisqu'enfin elle est mise à exécution.

XXXIV

Ce crime de tuer des patriotes pour avoir les coudées franches, fut celui des Septemvirs devenus factieux dans les derniers temps de leur session, et notamment de Carnot. Les mêmes machinations, dans les mêmes positions, font partie des mêmes projets; elles font partie des mêmes projets, surtout lorsque c'est le même homme principal qui les dirige. Ce fut le crime de Carnot dans le Septemvirat, c'est son crime dans le Directoire ; c'est celui de ses coopérateurs dans la fabrication des conjurations, Cochon, Malo, Grisel et Delagarde, et de son coopérateur dans l'assassinat semi-juridique des prétendus conjurés de Grenelle, Merlin de Douai.

Et il faut convenir que la partie est bien liée. Avec un membre du Directoire qui s'est approprié les détails militaires, un ministre de la police générale, un ministre de la justice, on peut aller loin en peu de temps. L'aristocratie moderne, s'ils ne la jouent pas, et par contre-coup, ou en dernière analyse, les royalistes leur doivent une vigoureuse protection.

XXXV

Mais Carnot, il sert la République, il a réparé ce qu'avait fait Aubry. Il n'a réparé qu'à demi dans toutes les parties, et dans un sens qui convenait à sa direction particulière : les pertes résultant de ses ordres positifs sont doubles de celles d'Aubry, et la part qu'il a dans les avantages, ne compense pas. Prenez ces deux hommes; il ne faut pas une main très forte pour soutenir la balance.

Vous trouverez que, pour la République, Carnot ne vaut pas mieux qu'Aubry, il est même plus dangereux. Un ennemi caché nuit plus qu'un ennemi à découvert; et considéré en lui-même, Carnot a été plus sérieusement occupé de la destruction des patriotes que de celle des Autrichiens. Je lui ai vu une ardeur plus vive, une détermination plus forte pour la première que pour la seconde ; c'est au sang des patriotes qu'il s'animait, et que son discours ou sa plume coulait le plus facilement.

Mais les victoires de l'armée d'Italie ! — On a des idées plus claires, que par le passé, sur la part qui revient, dans les victoires, à la troupe, au général et au cabinet. La part de la troupe est toujours positive. Il n'en n'est pas de même de celle du général et du cabinet ; elles sont quelquefois zéro ; elles sont même quelquefois négatives. La part de Condé à la bataille de Rocroy fut zéro ; celle de Dumouriez à Jemmappes fut négative ; celle de Bonaparte en Italie est positive. La part du cabinet dans la victoire de Denain fut zéro ; dans la conquête des Pays-Bas, par Louis XIV, elle avait été positive ; dans les campagnes de Turenne, en 1674 et 1675, elle fut négative. Je m'abstiens de traiter de la relation de quantité entre les parts, soit qu'elles soient ou non toutes positives ; je m'abstiens de traiter les parts dans les défaites, puisqu'il s'agit ici de victoires ; je m'abstiens de présenter l'échelle ou le mesureur de ces parts dans les victoires et les défaites, tant sur terre que sur mer, et je laisse faire les applications de détails.

Mais je suis très certain que notre armée d'Italie se serait aussi parfaitement battue, que Bonaparte se serait aussi parfaitement comporté, lors même que par les plans de Carnot on ne tiendrait pas sur la sellette, depuis un an, Drouet et Cordas; lors même qu'on n'aurait pas tué Huguet et Cailleux ; et que ces actes tyranniques ne pouvaient diminuer en rien nos pertes d'Outre-Rhin et de Kingsal.

Je suis très certain que notre armée d'Italie se couvrirait encore de gloire et qu'on pourrait éviter à l'avenir les pertes d'Outre-Rhin et de Kingsal, lors même que MM. Delagarde, Grisel, Malo, Merlin, Cochon et Carnot ne seraient point gouvernants ou agents de gouvernants, et je crois fermement que s'ils eussent cessé de se mêler des affaires publiques, depuis un an, celles de l'intérieur ne seraient pas en pire état.

XXXVI

J'ignore le parti que la législature prendra à leur égard, mais convaincu, par le fait qui m'est personnel, de leur atroce perfidie dans ce qu'ils appellent mouvement de conjurés, et qu'ils sont des gouvernants factieux, conjurés dangereux contre la République, je les dévoue publiquement à l'exécration du peuple français et des hommes de tous les pays et de toutes les opinions qui ont quelque moralité. J'y suis autorisé par le sentiment de ce qui me concerne. Il n'y a pas de doute que je n'ai pas quitté Thim ; il n'y a pas de doute que M. Delagarde et ces gouvernants ne fussent parfaitement instruits de ma résidence ; on ne peut pas douter que ce ne soit par un mensonge volontaire qu'ils ont placé mon nom dans l'annonce d'un mouvement ; on ne peut pas douter que mon nom ainsi placé, n'ait eu pour objet de concourir à le réaliser, à l'activer, et qu'ainsi ces gouvernants composaient eux-mêmes le mouvement ; on ne peut pas douter qu'il ne préparassent en même temps les deux moyens terribles de répressions, le sabrement et la commission militaire. Quoique déjouée par les journalistes patriotes, et par le bon esprit du peuple, cette machination n'en jette pas moins de lumières sur les autres mouvements, les autres conjurations, et sur le dogisme aristocratique insupportable qui va dominer et qu'on appellera la République, en attendant une scène de la royauté, si ces trames perfides ne sont manifestées par tous ceux à qui les circonstances personnelles les rendent sensibles, et si ces gouvernants factieux et leurs adhérents ne sont couverts de l'opprobre et de la haine qui leur est due.

PACHE.

A Thim-le-Moustier, le 21 floréal an V de la République française.

TABLE

ÉDITEUR

www.ingramcontent.com/pod-product-compliance
Ingram Content Group UK Ltd.
Pitfield, Milton Keynes, MK11 3LW, UK
UKHW021144260726
13994UKWH00001B/291

9 782329 382081